Honoré de Balzac, der berühmte Autor der *Comédie humaine*, war auch ein zu seiner Zeit berühmter Schuldner. Noch vor seinen literarischen Erfolgen hatte er nach gewagten Spekulationen als Verleger und Druckereiunternehmer Insolvenz anmelden müssen und wurde zeit seines Lebens von Gläubigern verfolgt. Er selbst soll mit Vorliebe darüber gesprochen haben – und dies mit einer unverwüstlichen, ansteckenden Munterkeit. *Die Kunst, seine Schulden zu zahlen und seine Gläubiger zu befriedigen, ohne auch nur einen Sou selbst aus der Tasche zu nehmen* ist also aus der Erfahrung gewonnen: eine – nicht ganz ernst zu nehmende – Anleitung, mit dem Geld auszukommen, das man nicht hat.

Humorvoll beleuchtet Balzac das Phänomen von allen erdenklichen Seiten – ironischerweise unter dem Deckmäntelchen eines rechtschaffenen Herausgebers, der lediglich die Aufzeichnungen eines Onkels, des schwarzen Schafes der Familie, nach dessen Tod der Öffentlichkeit zu präsentieren vorgibt.

Honoré de Balzac, geboren am 20. 5. 1799 in Tours, ist am 18. 8. 1850 in Paris gestorben.

insel taschenbuch 3028

Honoré de Balzac

Die Kunst, seine Schulden zu zahlen

Honoré de Balzac
Die Kunst, seine Schulden zu zahlen

und seine Gläubiger zu befriedigen, ohne auch nur einen Sou selbst aus der Tasche zu nehmen

Aus dem Französischen
von E. Fred

Insel Verlag

Umschlagabbildung: mauritius/SST

insel taschenbuch 3028
Erste Auflage 2004
Insel Verlag Frankfurt am Main und Leipzig

Hinweise zu dieser Ausgabe am Schluß des Bandes
Vertrieb durch den Suhrkamp Taschenbuch Verlag
Umschlag nach Entwürfen von Willy Fleckhaus
Satz: Hümmer GmbH, Waldbüttelbrunn
Druck: Memminger MedienCentrum AG
Printed in Germany
ISBN 3-458-34728-3

1 2 3 4 5 6 – 09 08 07 06 05 04

Die Kunst, seine Schulden zu zahlen und seine Gläubiger zu befriedigen, ohne auch nur einen Sou selbst aus der Tasche zu nehmen.

Gelehrt in zehn Lektionen oder

Handbuch des Handelsrechts

zum Gebrauch der ruinierten Leute, der Schuldner,
der Aushilfsbeamten, kurz aller jener, die Geld ausgeben,
ohne es zu haben, von Meinem seligen Onkel,
pensionierter Professor mit einer einleitenden
biographischen Notiz über den Verfasser.
All das veröffentlicht von seinem Neffen,
dem Verfasser der
»Kunst, seine Krawatte zu binden«.

»Je mehr man schuldig ist, desto mehr Kredit hat man.«
Unveröffentlichter Gedanke des Professors.

Zu Paris
Librairie universelle rue Vivienne No. 2
an der Ecke der Passage Colbert.
1827.

Vorwort des Herausgebers

Der Verfasser der ›Kunst, seine Krawatte zu binden‹ schickt ein Werk in die Welt, das nicht von ihm ist, trotzdem ihm aber eine ganze Menge von Feinden schaffen und wahrscheinlich Schmähungen und Verfolgungen genug zuziehen wird. Wie wird da eine ganze Menge von sogenannten aufrechten Geistern schreien: dieser Baron de l'Empésé will geradezu als hehre Wissenschaft die abscheuliche Kunst etablieren, einem ehrenhaften Gläubiger schöne Worte statt bares Geld zu geben. »Aber das ist ja eine Infamie, eine unerhörte Geschichte! So einen Mann muß man einfach einsperren! . . .«

Schon kommt besorgtes Lärmen aus den Buden aller Krämer, Fabrikanten, Kaufleute, aus den Läden, wo es eben Menschen gibt, die nicht weiter sehen als ihr Schild reicht, oder andere, deren Philosophie nicht mehr Größe hat als der Fußboden ihres Lokals. Die Ankündigung des Buches allein genügte schon, damit eine fürchterliche Angst den Hausbesitzer, den Restaurateur erfaßte, ebenso wie die Limonadenhändler, Schneider, die Wäscherinnen, den Schuhmacher, den Hutmacher, den Mützenmacher, den Weinhändler, den Bäcker, den Schlächter, den Gemischtwarenhändler usw., usw., ja sogar bis zu den Buchhändlern ging es. Alle die kleinen Rechnungen, die bisher in tiefem Schlummer ruhten, werden erweckt, um den bescheidenen Beamten aufzuscheuchen oder auch den nichtsnutzigen »Fashionablen«, den Arbeiter wie den Handwerker und den egoistischen Rentier.

Es ist ja ein Unglück. Aber schon die großen Schriftsteller des neunzehnten Jahrhunderts haben es gesagt: »Das Reich des Lichtes wird größer von Tag zu Tag*... Das Menschengeschlecht schreitet in seiner Entwicklung fort**... Die französische Nation kann nicht zurückbleiben***... Die einen haben zuviel, die andern haben nicht genug****« usw. usw. Allein, merken Sie es sich gut: Solange man nur über kleinliche Einzelheiten nachdenken wird, wird man am Ende immer nur Dummheiten sagen. Man muß die großen sozialen Interessensphären ins Auge fassen und die Angelegenheiten der Allgemeinheit überlegen. Alles übrige kommt dann schon von selbst. Aber was ist denn überhaupt ein einziger Mensch im Vergleich zur Masse?

Es ist bekannt, daß es in Frankreich und besonders in Paris eine unzählige Menge von Individuen gibt, denen die Gesellschaft nichts schuldig ist, weil sie auch nichts für die Gesellschaft tun, und die sich trotzdem einbilden, das Recht zu haben, alle möglichen Steuern von ihren Mitmenschen einzuheben, aus dem einzigen Grunde, weil es eben evident ist, – daß »die einen zuviel haben, die andern nicht genug«*****.

Nun, wer sind denn eigentlich die Leute, von denen ich sprechen will? Die Menschen, die sich freiwillig und gutmütig in die Kategorie der »einen« einschalten lassen, weil sie keinen andern Beruf haben als den, sozusagen mit Gewalt, jene auszubeuten, die in die Kategorie der »andern« gehören? Ich muß aber den Leser schonend dar-

* M. de Chateaubriand. ** M. de Pradt. *** Le General Foy. **** Der Onkel des Verfassers. ***** Aphorisma des Onkels des Herausgebers.

auf vorbereiten, daß dieses Werk nicht für diese Menschen geschrieben worden ist, auch nicht für jene,

die in Schulden und Verbrechen stecken,

die von unseren Gesetzen gerechterweise bedroht werden, und

die in ihrer Verzweiflung nach einem Mittel, sie zu umgehen suchend, glauben, wenn nicht *alles* zugrunde geht, könnten sie nicht am Leben bleiben.

Kurz, für jene Faulen, Unproduktiven, Schamlosen, die zumeist nicht den Strick wert sind, mit dem man sie aufknüpfen müßte, sondern nur Verachtung und Gleichgültigkeit verdienen, die überall einem hochherzigen Publikum ihr Patent auf Unfähigkeit herzeigen oder sich gerne mit der traurigen Rolle eines auf Kredit Lebenden begnügen ... ich wiederhole, für all *diese* Gruppen von Leuten ist dieses Werk *nicht* veröffentlicht worden. Wohl aber für jene Klasse Unglücklicher, Ärmster, Enterbter, die keinen Teil an dem Nationalvermögen haben, auf Grund einer force majeure, die nichts mit ihrem Willen zu tun hat, für jene in jedem Sinne zu »schätzenden« Individuen, die alle physischen und moralischen Qualitäten besitzen, alle Talente, um in der Gesellschaft scharmant zu wirken, für die hervorragend produktiven Menschen, kurz, für industrielle, betriebsame Menschen, die aber leider keinen Heller jährlichen Einkommens haben und infolgedessen gezwungen sind, Schulden zu machen, um anständig leben zu können. Das sind ordentliche Leute mit Grundsätzen. Sie wollen also trotz allem ihre Gläubiger auf die eine Art oder auf die andere befriedigen. Deshalb gilt es nun, sich erfinderischer Mittel zu bedienen, die Phantasie anzustrengen auf eine Weise, die weit höher einzuschätzen ist als die Arbeiten, die Entdeckungen, die ganzen Bemühungen aller vereinigten Klassen des *»Institut«* von Frankreich...

Ich wende mich zu Euch, Ihr Schaffenden und Ihr Verzehrenden aus allen Klassen, die Ihr kein Geld habt. Ihr, die Ihr eine Stellung gehabt habt, die Ihr nicht mehr habt, Ihr, die Ihr eine sucht und sie nie bekommen werdet, Ihr, die eine hattet, die doch keine war, Ihr, die in liberalen Zeitungen schreibt, Ihr, die Broschüren verfertigt oder kleine Bücher in Elsevierformat wie dieses, Ihr, die Häuser zu bauen beginnt, ohne zu wissen, wie Ihr sie fertig machen werdet, Ihr, die Ihr in Paris herumgeht, schöne Gesten macht und Schulden, kurz, Ihr alle, die das gleiche tun, was der Verfasser dieses Werkes getan hat. Ihr habt doch wahrhaftig Ansprüche genug darauf, daß man Euch die Früchte der durchwachten Nächte: die Überlegungen des Verfassers zugänglich macht.

Wie die Zeitläufte eben jetzt sind, sehe ich Euch der Gefahr ausgesetzt, eines schönen Tages nach dem Schuldgefängnis von Sainte-Pélagie wandern und dort ein, zwei, drei oder auch vier Quartale verbringen zu müssen oder vielleicht sogar einen Mietvertrag auf fünf Jahre für solche Wohnung abzuschließen.

So gebe ich Euch nur den guten Rat: habt immer dieses kleine Handbuch des Handelsrechtes bei Euch! Mit einem solchen Führer könnt Ihr zunichte machen: die Haftbefehle, die Hinterlegungsaufträge, Vorführungsbefehle, Forderungen auf Grund von Bürgschaften, die Ihr für einen Dritten eingegangen seid usw. usw. Ihr könnt kühn drauflos reisen, allein und dennoch in der Hut vor den Gläubigern könnt Ihr in den vielen lichtschimmernden

Passagen, die es in der Hauptstadt gibt, umhergehen. Während Ihr noch frei seid, kauft Euch also das Werk des Onkels des Herrn Baron de l'Empésé, lest es, überlegt es, besprecht es, lernt es auswendig, um Eure Erziehung zu perfektionieren, wenn sie schon vollendet ist. Ihr findet dort praktische Anweisungen neben den theoretischen.

Der Herausgeber.

Biographische Notiz über Meinen Herrn Onkel

Der wirklich sehr merkwürdige Mensch, von dem ich jetzt einige Augenblicke meine Leser unterhalten will, mein Onkel also, war eines jener von der Natur bevorzugten Individuen, für die das Schicksal Wunder wirkt.

Schon vom zartesten Alter an wußte er es, sich über jene so mächtigen Vorurteile zu stellen, die die Gesellschaft beherrschen und die, philosophisch angeschaut, doch nur große moralische Schwächen sind, indem er in der Tat auf dem Fuße eines Mannes lebte, der fünfzigtausend Livres Rente hat, während er rechtmäßig nie auch nur einen Sou Einkommen besaß.

Nachdem er sechzig Jahre hindurch alle Genüsse genossen hatte, die ein Mann wünschen und kosten darf, schuf er sich ein seiner würdiges Ende, indem er seinen letzten Seufzer bei einem berühmten Gastwirt ausstieß, der oft in der Lage gewesen war, seine brillanten Eigenschaften und seine genialische Kraft zu schätzen.

Mein Onkel wurde in Saint-Germain-en-Laye am 1. April 1761 geboren. Ich werde von den ersten Jahren seiner Kindheit nicht sprechen, sie flossen friedlich dahin, wie die aller von ihrer Mutter verwöhnten Kinder. Meine Großmama hatte sich schon lange ein Pfand der ehelichen Zärtlichkeit meines Großvaters gewünscht, sie bekam es erst nach zehn Jahren der Vereinigung, und mein Onkel war die erste Frucht. (Mein Vater kam erst zehn Jahre später zur Welt.) Mein Großvater, ebenso verblendet in der

Zärtlichkeit für seinen Sohn wie seine Frau, wußte nichts von allen den Leidenschaften zu erkennen, die später eines Tages auf das Herz »seines Schatzes« einstürmen würden, und obwohl er ein Mann von Geist war, verstand er es auch nicht, seiner Erziehung jene Richtung zu geben, die sie wohl nötig hatte.

Neun Monate jedes Jahres war er nicht zu Hause, denn die mußte er bei seinem Regiment der *Royal Cravate* verbringen, wo er es bis zum Major gebracht hatte; so konnte er seinen Sohn nicht überwachen und war gezwungen, sich auf die Weisheit seiner Frau zu verlassen. Der Schatz meiner Großmama aber, begabt mit allen Talenten, die notwendig sind, damit man eines Tages Gutes von ihm spreche, hatte eben auch alle jene kleinen Fehler, die notwendig sind, damit man von einem auch ganz das Gegenteil sagen kann. Man hatte ihm Lehrer gegeben, auf die er nicht hörte. Er tanzte um seinen Lateinlehrer herum, warf Knallerbsen auf den Tanzlehrer, steckte Kerzenstummel in die Taschen seines Zeichenlehrers und Pfropfen in die Flöte seines Musikmeisters. Während der kurzen Reisen, die mein Großvater nach Saint-Germain machte, nahm mein Onkel seinen Degen und steckte ihn auf den Platz des Rostes, nachdem er seinen Federhut an die Stelle des Geflügelbratens gesetzt hatte. Oder er riß der Katze die Haare aus, oder er malte mit Tinte dem Kanarienvogel einen Schnurrbart. Meine Großmama fand das alles scharmant. Mein Großvater konnte auch das Lachen nicht zurückhalten, behandelte alle diese Spitzbubenstücke als Kleinigkeiten und sagte, daß die Zeit ihn schon bessern werde. Die Zeit kam, mein Onkel besserte sich nicht. Schließlich wurde es so arg, daß niemand es mehr im

Hause aushielt. Man faßte also den Entschluß, sich des »Schätzchens« zu entledigen. Damals war mein Onkel zehn Jahre alt.

Er kam in das Collège Louis-le-Grand nach Paris, wo er während der ersten vier Jahre sichtliche Fortschritte machte und die wertvollen Talente, die ihm die Natur geschenkt hatte, zur Geltung brachte. Wenn er auch nicht der Erste bei den lateinischen Übersetzungen war, so war er doch der Stärkste beim Ballspiel; er raufte sich regelmäßig zweimal täglich, er brachte es dahin, daß man ihn fünfmal in der Woche auf trockenes Brot setzte, bekam fünfundzwanzig Rutenhiebe am Ende jedes Monats und brachte dann zwei Preise und ein halbes Dutzend Anerkennungsschreiben am Ende des Jahres nach Hause, worüber Großmama entzückt war.

Im Monat April 1777 war mein Großvater gerade in Saint-Germain und kam nach Paris in der Absicht, seinen Sohn abzuholen, damit er einen Teil der Ferien mit ihm beim Regiment verlebe. Er kommt voll Freude in das Collège, denn es war für ihn ein Fest, seinen Sohn zu sehen. Er fragt nach ihm. Das Gesicht des Schulvorstehers wird immer länger, seine Physiognomie wird finster, er stammelt, ... schließlich erfährt mein Großvater, daß seit vierzehn Tagen sein lieber Sohn verschwunden sei, und zugleich mit ihm die Tochter der Wäscherin, und daß man nicht wisse, wohin sie sich gewendet hätten. Mein Onkel war damals gerade sechzehn Jahre geworden.

Mein Großvater hütete sich wohl, diese kleine Eskapade seiner Frau mitzuteilen. Er ging zum Polizeichef M. de Sartines, der ihm sagte, er solle nur am Abend wiederkommen. Während dieser Zeit wurde mein Onkel mit seinem kleinen Wäschermädel in einem möblierten Zimmer der Rue Framenteau aufgestöbert, wohin er sich geflüchtet hatte. Sein Vater brachte ihn nach Saint-Germain zurück, ohne ihm im übrigen Vorwürfe zu machen, und von diesem Augenblicke war es beschlossene Sache, daß er fortgeschritten genug in seinen Studien sei, um nun kein Collège mehr zu brauchen. Er sollte seine Bildung im väterlichen Hause vollenden.

Die Studien, die mein Onkel nun vornahm, waren angenehm genug. Jeden Morgen spielte er Federball oder Billard, am Abend ging er auf die Bälle. Er machte eine Menge Bekanntschaften, die er dann zu seiner Mutter führte, um sie den besten Wein seines Vaters trinken zu lassen, hetzte Pferde zu Tode, zerbrach Wagen, die man gefällig genug war, ihm zu leihen, und machte bei aller Welt Schulden.

In der schönen Jahreszeit ging er gerne aufs Land, schoß auf die Hunde oder sogar gelegentlich auf die Waldhüter, nachdem er deren Frauen Kinder gemacht hatte, tötete alles Wildbret und lieh von allen Grundbesitzern der Umgegend Geld aus. Im Winter hatte er allwöchentlich ein Duell und wurde jeden Monat in den Arrest gesteckt.

In dieser Zeit war es, daß mein Großvater den Entschluß faßte, ihn reisen zu lassen, um auf diese Weise zu versuchen, »ein Gehirn zu beruhigen«, das, wie er sagte, nichts anderes notwendig hatte als Einsicht ins Leben. Nun, Reisen können sehr gut Einsicht ins Leben schaffen; mein Onkel wurde also in die Bäder von Bagnères geschickt, die damals das Rendezvous der distinguiertesten Welt waren.

Dort wurde er der Arrangeur aller Feste, die Seele aller Vergnügungen. Die damals (im Jahre 1784) dort waren, werden sich noch an den eigenartigen Theatersaal erinnern, den er im Verlaufe von zwei Stunden in Lourdes errichtete, wo gerade vor einigen Tagen auf dem Wege nach der Hauptstadt eine Truppe von Komödianten aus der Provinz angekommen war, die als Reisezehrung ein wenig Geld von den braven Landbewohnern einheimsen wollten, indem sie ihnen den Genuß von zwei oder drei Vorstellungen gewährten. Da es keinen anderen Saal, wo man ein Theater aufschlagen hätte können, gab, so warf mein Onkel sein Augenmerk auf den großen Boden eines Sattlers, der denn auch erlaubte, daß man ihn benütze, allerdings unter der Bedingung, daß die Wagen, die er dort bewahrte, nicht herausgeführt würden. Mein Onkel kam auf das Mittel, alles in Ordnung zu bringen. Er ließ die Karosserien von den Gestellen abnehmen, sie in einem Halbkreis nebeneinander arrangieren und errichtete durch dieses Manöver einen Rang von Logen ganz und gar neuester Art. Eine große Karosse mit Flügeltüren, die früher einmal dem Erzbischof von Toulouse gehört hatte, gab die Ehrenloge ab, zwei hübsche Diligencen, an den Eckpunkten des Orchesters aufgestellt, figurierten als Avant-scènes. Ein zweiter Rang von Logen wurde auf die gleiche Weise hergestellt, hoch auf den Wagenrädern, und alle Sättel, die der brave Sattler hatte, auf einer Art von Leinen senkrecht zum Theater auf Stricken aufgehängt, bildeten ein Parterre, wo die Zuschauer gewissermaßen Steckenpferd ritten. Niemals hat ein groteskeres Spektakelstück unmäßigeres Gelächter erregt.

Das Jahr darauf kam mein Onkel nach Saint-Germain

zurück – und eine wichtige Änderung hatte sich in seiner ganzen Persönlichkeit vollzogen. Hatte er auf der einen Seite gewonnen, so hatte er auf der andern verloren; denn er brachte von dieser Reise einen ausgesprochenen Geschmack für das Hasardspiel mit, dem er sich denn auch so widmete, daß mein Großvater sein kleines Vermögen weggeben mußte, um die zahlreichen Schulden zu zahlen, die sein Sohn machte.

Zu jener Zeit war es, nämlich im Jahr 1787, als mein Onkel seinen Vater verlor. Er starb an den Folgen eines Sturzes vom Roß; meine Großmutter folgte ihrem Gatten bald nach. Mein Vater wurde, obwohl er mehr als zehn Jahre jünger war als sein Bruder, vom Familienrate mit der Ordnung der Erbschaft betraut. Er war eben weitaus klüger, obwohl er noch nicht einmal volljährig war. Meine Großeltern hinterließen ihren Kindern nur recht wenig. Obwohl mein Onkel schon sechsmal so viel vorausbekommen hatte, als sein Teil gewesen wäre, teilte mein Vater mit ihm die zwölftausend Franken, die die ganze Erbschaft ausmachten.

Die Revolution brach damals gerade aus, und mein Onkel, der sich schon durch die Heftigkeit seiner monarchischen Überzeugungen bemerkbar gemacht hatte, hielt es für seine Pflicht, ins Exil zu gehen, in einem Moment, wo alles, was zur »Hofpartei« gezählt wurde, für sein Leben fürchten mußte. Ein Grund mehr dafür, und ein nicht geringerer war, daß er eben gar nichts mehr hatte und bei seinem erschöpften Kredit, doch gewöhnt an ein großartiges Leben, sowieso nirgends mehr einen Menschen gefunden hätte, der ihm einen Sou geliehen hätte.

Er entschloß sich, in die Bäder zurückzukehren, wo er

die verschiedenen Einnahmequellen, die ihm das Spiel erschlossen hatte, auszunutzen hoffte. Er verließ also Paris im Monat Mai des Jahres 1789 und kam nach Bagnères, wo er sich bescheiden für einen jungen Bankier aus Hamburg ausgab, obwohl er noch niemals einen Louisdor für seine Unterschrift bekommen hatte. Allein niemand schien sich besser als er auf große kommerzielle Unternehmungen zu verstehen; wenn man nämlich auf ihn hörte, so stand er in den besten Beziehungen zu allen großen Plätzen Europas. Die Namen der berühmtesten Großkaufleute führte er stets im Munde. Immer, ohne die geringste Affektation sprach er von den ungeheuren Finanzoperationen, die er gemacht hatte, bei den letzten Messen in Frankfurt oder in Leipzig, und das einzige, was man vielleicht nicht begreifen konnte, wenn man ihm gut zugehört hatte, war, daß noch kein einziger Souverän Europas ihm die Leitung der Finanzpolitik übertragen hatte und daß er in Bädern die kostbare Zeit verlor, die er doch so nützlich für die Wohlfahrt seiner Mitbürger hätte verwenden können.

Ein anderes Mal fand er Mittel und Wege, um einen russischen Fürsten davon zu überzeugen, daß er auf seiner Besitzung in Sibirien Marmorbrüche habe, deren Ausbeutung verschiedentliche Millionen eintragen müsse. Sie machten einen Kontrakt, den dann mein Onkel kurz darauf für fünfzigtausend Ecus an einen Florentiner Kaufmann verhandelte. Der reiste nun allerdings nach Rußland und gab sechsmalhunderttausend Franken aus, um im angeblichen Steinbruch zu schürfen, aus dem er nicht einmal so viel Marmor gewinnen konnte, um für seinen Nachttisch eine Platte machen zu lassen. Im Jahre 1796 kam mein Onkel nach Paris zurück und stürzte sich dort in Geschäfte. Er bekam auch eine Anstellung bei den Lieferungen für den italienischen Feldzug, und 1799 war er einer der Hauptlieferanten der Armee Pichegrus in Holland.

Im Verlaufe von acht Jahren machte er viermal sein Vermögen, verlor es wieder, machte es wieder und aß es viermal auf. Kurz und gut, als er eines schönen Tages meinem Vater eingestand, daß er im Augenblick wenigstens nicht einen Louis besaß, ihm aber gleichzeitig eine Wette um tausend Louis vorschlug, daß er von Spa, wohin er für die Badesaison gehen wolle, mit fünfzigtausend Franken zurückkehren werde, da hätte mein Vater seine Wette verloren und mein Onkel sie gewonnen. Während ganzer fünfzehn Jahre hatte mein Onkel keine anderen Existenzmittel als die, die er aus seinem Talent am Billardtisch, beim Pikett und anderen Spielen zog, die er jedoch nie irgendwo anders ausübte, als in den beliebtesten Badeorten oder in Paris im Pavillon d'Hanovre oder in anderen Etablissements derselben Art. Sein Glück war so beständig, daß man gelegentlich in Versuchung war zu glauben, daß auch recht viel Geschicklichkeit dabei war. Aber der Beweis seiner Ehrlichkeit war die Spitze seines Degens oder die Kugel seiner Pistole, und mein Onkel hatte so viele Male dieses Mittel mit Erfolg angewendet, daß er schließlich alle Welt besiegt hatte, allerdings niemanden überzeugt.

Immerhin, auch für ihn kam der Moment, wo dieser Traum von Glück zu verblassen anfing, allerdings nachdem er vierzig Jahre gewährt hatte. Das war im Jahre 1821; er war von den Bädern in Plombières zurückgekehrt, wo er die vorige Saison verbracht hatte. Dieses Mal war er aber ohne einen Sou in der Tasche zurückgekehrt. Gezwungen, sich in einem kleinen möblierten Zimmer der Rue Saint-Nicolas d'Antin einzuquartieren, wollte er die nämliche Art von Industrie wieder beginnen, die er früher mit so viel Glück in Paris, übrigens auch an anderen Plätzen, ausgeübt hatte. Aber wehe! Er hatte beim Billard nicht mehr jene Sicherheit des Zielens, mit der er früher erreichte, daß er keinen einzigen Ball ausgelassen hatte; beim Ekarté warf er die Könige nicht mehr so oft, beim Imperial gaben seine Gegner sich bessere Karten als ihm und beim Pikett zitterten ihm die Hände, wenn er die Karten aufschlagen sollte. Wenn der Stern meines Onkels in Plombières schon zu erbleichen begonnen hatte, in Paris wurde er ganz aus seiner Bahn verdrängt.

Meine Kraft reicht nicht aus, um die tiefe Trauer zu schildern, die sich plötzlich dieses Mannes bemächtigte, der immer lächelnd den traurigsten Ereignissen des Lebens ins Auge geblickt hatte. Nach einer Partie Ekarté, wo er sein ganzes Geld verloren hatte – in vier Partien war er dreimal hintereinander geschlagen worden –, bemächtigte sich ein heftiges Fieber seines Körpers und der Hotelwirt am nächsten Morgen seines Koffers, der alles enthielt, was sein eigen war (ein wenig Wäsche und Kleidung), ja sogar eines wundervollen Billardqueues, den er einmal von einem berühmten Schreiner der Hauptstadt gewonnen hatte, um in den Händen gewissermaßen eine Hypothek zu haben für das, was jener ihm für Wohnung und für Essen schuldete.

Mein Onkel konnte diesen letzten Schlag nicht ertragen. Von diesem Augenblick an verschlimmerte sich seine

Krankheit auf eine Weise, die sowohl für ihn wie für seine Gläubiger äußerst beunruhigend war, und diese Krankheit bestand in nichts anderem als in der totalen Erschöpfung seiner ganzen menschlichen Maschinerie, sowohl was das Physische als das Moralische betrifft. Da er alle seine Geldquellen erschöpft hatte, ließ er sich zum Schluß noch tapfer in einem Fiaker nach dem Spital der Charité bringen und forderte dort, auf ganz bevorzugte Weise behandelt zu werden. Er gab dafür als Motiv an, daß ja sowieso der achte Teil alles dessen, was man bei dem Spiel verliert, als Steuer den Hospitälern zufällt und daß ebenso der fünfte Teil aller Theaterentrées den Spitälern zufalle, so daß er also in den letzten vierzig Jahren auf diese Art sowieso seinen Platz im Spital schon vorausbezahlt hätte und man ihm eigentlich jetzt nur zurückgäbe, was er gewissermaßen geliehen habe. In der Tat trat er am 3. Januar 1822 in das Hospital ein, die Taschen gefüllt mit Geduld und Philosophie. Was seinen Stolz betraf, so hatte er den klugerweise vor der Türe gelassen auf die Gefahr hin, ihn beim Verlassen des Hospitals nicht wiederzubekommen. Das eine Jahr, das seine Krankheit andauerte, spendete ich ihm alle Tröstungen und verschaffte ihm alle Linderungen, die nur in meiner Macht standen. Ich ging oft hin, ihn besuchen, und an den Tagen, wo ich mich von meinen Beschäftigungen durchaus nicht freimachen konnte, verbrachte er seine Zeit damit, mir Briefe zu schreiben und – so nannte er's – seine Papiere in Ordnung zu bringen, denn er fühlte wohl, daß er am Ende seiner Laufbahn angelangt war. Ich behalte mir vor, eines Tages diese Korrespondenz zu veröffentlichen, die ebenso pikant wie belehrend sein wird, und zwar wegen der Originalität des Ganzen und wegen der verschiedentlichen Bemerkungen aller Art, die eingestreut sind.

Hier in der Charité war es auch, wo mein Onkel die gelehrte Abhandlung niederschrieb, die ich dem Publikum übergebe.

Am Ende dieses Jahres (zu Anfang des Dezember), als er soweit war, auszugehen, verließ er das Spital, um meine sehr bescheidene Wohnung mit mir zu teilen. Dort gab er sich ganz dem traurigen Gedanken hin, daß er nun unweigerlich gezwungen sein würde, definitiv Bankrott zu machen, und zwar diesem elenden Erdental wie seinen Gläubigern gegenüber. In der Tat, ich frage mich: Konnte sich mein Onkel, nimmt man es nur ernst genug, irgendwelche Skrupel darüber machen, daß er so ungefähr fünfzigtausend Franken (etwas mehr oder etwas weniger)* Jahr für Jahr von seinen Mitbürgern sozusagen als Steuer eingehoben hatte? Nein, man darf es aussprechen, er sah mit Recht ohne Schrecken dem fatalen Augenblick ins Auge. Aber da er in Ruhe sterben wollte und mit einem reinen Gewissen, so verwendete er die letzten Tage seines in der ganzen Welt verbrachten Lebens darauf, die Adressen seiner zahlreichen Gläubiger auszuspüren, da er die Absicht hatte, ihnen selbst seine peinliche Zahlungsunfähigkeit mitzuteilen.

Es waren alles zusammen zweihundertzweiundzwanzig; er berief sie definitiv für den 19. Mai ein. Als Rendezvous war das Restaurant von Gillet an der Porte Maillot angegeben, und zwar der Salon, in dem vierhundert Kuverts gedeckt werden können. Die Mehrzahl der Erschie-

* Diese fünfzigtausend Franken sind als guter Durchschnitt genommen.

nenen hatte keine Ahnung davon, was mein Onkel eigentlich dort von ihnen wollte, aber ihre Hochachtung und ihre Bewunderung für die Erfindungsgabe, die er so oft in den Zeiten seines glänzenden Geschickes bewiesen hatte, war so groß, daß nicht ein einziger bei diesem Rendezvous fehlte.

Mein ehrenwerter Onkel ließ sich im Fiaker hinführen, denn er hatte nicht einmal mehr die Kraft, zu Fuß zu gehen; so wäre es ihm also ganz unmöglich gewesen, diese Schritte selbst zu tun. Als er am Orte der Sitzung angekommen war, ließ er dort eine Art von Estrade errichten mit einer Bergère, auf der er sich dann hinsetzen wollte, um zu seinem Volke zu sprechen, und weiterhin einen ersten Rang von Fauteuils ringsherum, dann einen zweiten Rang hoch oben auf Tischen, die er auch eigens dazu hatte hinstellen lassen; das Arrangement ohne Zweifel in der Erinnerung an jenen Theatersaal, den er in Bagnères vor vierzig Jahren improvisiert hatte. Heute, heute nun, als alle seine Gläubiger auf ihren Plätzen versammelt waren, setzte er sich in ihrer Mitte mit Ruhe und Würdigkeit nieder und begann mit der Entschuldigung, daß seine Stimme so schwach sei; denn seit seinem Austritt aus dem Hospital konnte er sich kaum mehr deutlich verständlich machen. Und nachdem er sich nun noch ein letztes Mal zusammengerafft hatte, gleichsam versucht, sich alle die alten Erinnerungen ins Gedächtnis zurückzurufen, hielt er ihnen ungefähr die folgende Ansprache:

»Meine Herren ...« (Große Bewegung, gespannte Aufmerksamkeit, dann tiefe Stille.) »Das große Kontobuch des Lebens wird sich nun in Kürze für mich schließen. Jetzt sind es gerade einundsechzig Jahre, daß mein Konto dort oben im Himmel eröffnet worden ist. Es ist weder mein noch Ihr Amt, die Bilanz dieses Kontos zu ziehen. Diese Sorge ist Gott allein vorbehalten, der auch bis zum heutigen Tage sorglich das Journal aller meiner Gedanken und Handlungen geführt hat.« (Ein alter Wucherer machte in diesem Augenblick das Zeichen des Kreuzes.) »Ich sehe auch den lieben Gott schon bereit, die entsetzlichen Additionen dieses unendlichen Kontokorrents zu beginnen, und ich würde zittern zu erfahren, wie stark ich als sein Schuldner belastet bin, wenn sein Kredit nicht ebenso unendlich wäre wie seine Güte.«

Bei dieser herzbewegenden Ansprache kamen die Schnupftücher von zweihundertzweiundzwanzig Gläubigern aus ihren Taschen hervor und wurden zu ihren Augen geführt, aus denen einige Tränen herabzurollen schienen, die wohl der Rührung zuzuschreiben waren. Mein Onkel nahm eine Prise Tabak und setzte seine Rede fort:

»Wenn es mir auch nach meiner ganzen Anlage versagt ist, mit dem Allschöpfer zu rechnen – er hat mir doch wenigstens den Mut und die Stärke gelassen, deren ich bedarf, um mit jedem einzelnen von Ihnen vor meinem Tode definitiv abzurechnen, denn, ich fühle es, meine letzte Stunde hat geschlagen.« (Einiges Schluchzen war zu hören.)

»Hier ist mein Tagebuch, hier ist mein Hauptbuch, das Notizbuch, in dem alle Fälligkeiten eingetragen sind, meine Agenda nach alphabetischer Ordnung. Alles ist nachgesehen, numeriert und paraphiert nach der Gewohnheit eines Mannes, der alle seine Geschäfte in Ordnung führt und der sich vom ersten Tage seiner Taten an bis zur letzten Minute Rechenschaft über die wichtigsten wie über die geringsten Operationen, die er vornimmt, gibt.«

Aller Gläubiger Augen richteten sich nun auf einen Haufen von Papieren, die ihnen in der Nähe zu zeigen mein Onkel sich wohl gehütet hätte.

»Jeder von Ihnen wird hier niedergeschrieben finden: die Gesamtsumme, die ihm gebührt, Interessen und Kapital zusammen.« (Hierauf neuerliche Tränen. Gleichfalls auf Rührung zurückzuführen.)

»Aber, meine Herren, Sie täten unrecht zu denken, daß, so wie in den gewöhnlichen Bilanzen der zünftigen Händler, es hier Aktiva und Passiva gibt.« (Große Bewegung: gespannteste Aufmerksamkeit.)

»Nein, meine Herren, nein. Ich habe Ihnen nur Passiva zu präsentieren.« (Bewegung, aber in entgegengesetzte Richtung zielend.)

»Immerhin, fürchten Sie nicht, etwa zehn Prozent zu bekommen oder zwanzig Prozent oder gar vierzig Prozent von dem, was Ihnen gesetzlich von mir geschuldet wird.« (Die Aufmerksamkeit verdoppelt sich wiederum.) »Ich bin unfähig einer solchen Niedrigkeit, das wäre wahrhaftig ein Schelmenstück, und ich möchte darum lieber beschließen, Ihnen gar nichts zu geben. Und das ist es auch, was mein Entschluß ist. Sie alle werden nicht einen Sou bekommen!« (Allgemeine Aufregung, gefolgt von tadelndem Murmeln. Einige Stimmen: »Hört! Hört!«)

Hier schneuzt sich mein Onkel, trinkt einen Schluck Zuckerwasser und fährt dann sogleich in Ruhe und Gottvertrauen fort:

»Ja, meine Herren, hören Sie mir zu! ... Mein Vater hinterließ mir sterbend als ganzen Besitz einige Broschüren, die eine große Zahl von Verbesserungen angeben, die man an dem Finanzsystem, das in Frankreich herrscht, vornehmen könnte. Hätte ich davon etwa leben können? Ich frage Sie? …« (Zustimmung im Zentrum, ein Schnittwarenhändler: »Ganz recht so!«)

»Ich erfaßte also die große Bedeutung des Kredits, und ich habe entdeckt, daß er sich gründet und ruht auf einer einzigen, zwar sonderbaren, aber sehr soliden Methode: daß man nämlich mit unverbrüchlicher Treue *niemandem* Schulden zahlen soll.« (Oho!) »Ich habe Sie alle als lebende Beweise für diese sehr wichtige Entdeckung bemüht.« (Bewegung.) »Wenn Ihnen nur der geringste Zweifel in dieser Hinsicht kommt, dann würde ich Ihnen vorschlagen, Ihre Augen auf diese Schriften hier zu werfen, und wahrhaftig, ich traue Ihnen nicht zu, daß Sie entdekken werden, ich hätte irgend jemandem je auch nur die geringste Akontozahlung geleistet.« (Die Erregung verdoppelt sich.)

»Ich weiß noch nicht, ob Sie im weiteren Verlauf Grund haben werden, meine Entdeckung zu preisen.« (Sichtlich betontes Zögern.) »Ich aber habe es mir immer zur Pflicht gemacht – und das bis zum letzten Augenblick meiner politischen und sozialen Existenz –, meine Anleihen, die, ich will es offen zugeben, gelegentlich Zwangsanleihen waren, auf eine Art zu verteilen, daß sie am Tage meines Scheidens auf eine möglichst große Zahl von Köpfen verteilt sind und vorzüglich auf die Reichsten.« (Allgemeine Zustimmung, mit einziger Ausnahme des alten Wucherers.)

»Aber, meine Herren, was bedeutet dieser elende Verlust im Vergleich zu jenem, der Ihnen unweigerlich zuteil wird durch das miserable Finanzsystem, das Ihnen vor kurzer Zeit präsentiert worden ist.« (Stille in der Mitte, Heiterkeit links und auf der äußersten Rechten.)

»Wahrhaftig eine Bagatelle, verglichen mit den unschätzbaren Vorteilen, die Sie in Zukunft werden aus dem neuen Kredit-, Anleihe- und Amortisationssystem ziehen können, das ich Ihnen nun zu enthüllen im Begriffe bin. Ich habe meinen Neffen beauftragt, es zu entwickeln, es zu redigieren, es drucken zu lassen, auf daß es der Gesamtheit aller nütze, und dem Staate eine neue Quelle der Glückseligkeit eröffnet werde durch mein Beispiel.«* (Stürmische Zeichen von Zustimmung.)

»Ja! meine Herren, wenn ich mich nun verbreiten wollte über die Wohltaten, die ich Ihnen so bereitet habe und noch im Begriff bin, Ihnen zu bereiten, wäre es mir fürwahr leicht, Ihnen zu beweisen, daß Sie noch *meine* Schuldner sind, aber ich ziehe es vor, mich von Ihnen zu verabschieden, erfüllt von dem tröstlichen Gedanken, daß wir alle miteinander vollständig quitt sind.« (Eine Stimme: »Oh, das ist zu stark!«)

»Ich schließe, meine Herren; wollen Sie mir noch für diesen letzten Satz Ihre Aufmerksamkeit leihen.« (Tiefe Stille.)

»Ich habe dem Reichen als Vorbild gedient. Ich habe dem Armen geholfen. Ich habe in Wahrheit nichts anderes getan, als einige Ihrer immensen Kapitalien zu deplacieren, um sie an Punkte zu bringen, wo sie gut verwendet werden können. Ich habe mit jenem Nivellement der

* Herr Baron de l'Empésé hat auf die skrupelhafteste Weise den Letzten Willen seines Onkels erfüllt.

Goldberge begonnen, die das Schicksal willkürlich bei Ihnen angehäuft hat. Das Schicksal war bisher blind, ich habe ihm sozusagen den Star gestochen, meine Memoiren werden das übrige tun...« (Allgemeines zorniges Murmeln.)

Nach diesen Worten ließ sich mein Onkel auf die Bergère fallen, erschöpft von den Anstrengungen, die er auf sich genommen hatte, um seinen Gläubigern wenn auch nicht siegreicher-, so doch positiverweise zu zeigen, daß sie sich noch glücklich schätzen müßten, wenn *er ihnen* nichts mehr schulde. Es ist wahr, daß der Schluß seiner Rede, unerwartet wie er kam, in der Versammlung sehr gemischte Gefühle, auch gegnerischer Art, auslöste. Die einen wollten ihn erwürgen, die andern waren nur einig im Gefühl der Ekstase und Bewunderung.

Nach und nach aber begann in diesem Haufen von Gläubigern jeder gleiche Vorstellungen von der Generosität zu haben, und jeder einzelne von ihnen begab sich zu dem Fuß der Estrade, auf der zwei von den Fräuleins des Gilletschen Restaurants damit beschäftigt waren, meinen Onkel aus seiner Ohnmacht zu erwecken, und sie legten dort die Wechsel, Schuldbriefe, Obligationen, die Gutscheine mit den gerichtlichen Zahlungsbefehlen nieder, kurz alles, was dazugehört und was ihnen dieser würdige Mitbürger im Laufe von vierzig Jahren nicht zu ihrem Schaden unterschrieben hatte. Als mein Onkel wieder zu Sinnen gekommen war und das Bündel von Wechseln und Stempelpapieren erblickt hatte, das man gleichsam auf eine Verabredung hin zu seinen Füßen aufgehäuft hatte, konnte er der Wallung nicht widerstehen, die die Freude, alle diese Erinnerungen gesammelt zu sehen, in ihm erweckte. Er machte eine neue Anstrengung, seine Kräfte zusammenzuraffen, erhob diese Trophäen mit seinen schon ermattenden Händen, wie um sie der ganzen Welt zu zeigen, und alle seine Stärke zusammennehmend, rief er aus: »Ich bitte mir nur noch eines von Ihnen als letzte Gnade aus. Meine Herren, versprechen Sie mir, mein Werk zu kaufen, sowie es im Buchhandel erschienen ist.« Alle schwuren es ihm zu, und er stieß seinen letzten Seufzer in meinen Armen aus.

Das unerwartete Hinscheiden eines begüterten Mannes ist eines der traurigsten Begebnisse, das die Gesellschaft treffen kann und auch die Gläubiger, wenn er welche hat. Das meines Onkels wurde vorzüglich empfunden von einem Fabrikanten von Marmorsteinen, dessen Spezialität Grabmonumente waren. Mit einer Beredsamkeit, wie sie wahrhaftig nur aus dem Herzen kommen kann, beeilte er sich denn auch, das Gelübde zu tun, eine kleine Sammlung einzuleiten, damit man ihm einen bescheidenen Grabstein errichten könne und so die Erinnerung an einen genialen Mann der Ewigkeit vererben. Das eine und das andere wurde sofort in Wirklichkeit umgesetzt, und mein lieber, guter Onkel wurde auf dem Friedhof von Montparnasse begraben, den er auf diese Art am 22. Mai 1823 sozusagen mit seiner Persönlichkeit beglückte. Alle seine Gläubiger begleiteten ihn bis zu seiner letzten Ruhestätte.

Einige Tage darauf deckte ein Grabstein seine sterbliche Hülle. Und auf diesem Denkmal kann man jeden Tag, den Gott schenkt, jene simple, aber rührende Inschrift lesen, die vor allem von der Dankbarkeit, dann aber auch von der Bewunderung inspiriert wurde und darum denn auch in lapidaren Buchstaben von der Hand des braven Marmorfabrikanten selbst eingraviert worden ist:

Hier ruht
der Erfinder
der
»Kunst, seine Schulden zu zahlen
und
seine Gläubiger zu befriedigen,
ohne auch nur einen Sou auszugeben«
22. Mai 1823
Requiescat in pace.

Aphorismen,

Axiome und neue Gedanken, die man sich nicht tief genug einprägen kann, bevor man die verschiedenen Theorien studiert, die von meinem Onkel gelehrt werden.

I

Je mehr man Schulden hat, desto mehr Kredit hat man; je weniger Gläubiger man hat, desto weniger Hilfsmittel stehen einem zu Gebote.

II

Wer sich keinen Kredit schafft, muß unweigerlich bankrott machen, denn je mehr Kredit man sich schafft, desto mehr Umsatz hat man auch. Je mehr Umsatz man hat, desto mehr Geschäfte macht man. Je mehr Geschäfte man macht, desto mehr Geld verdient man.

III

Schulden machen bei Leuten, die selbst nicht genug haben, heißt die Verwirrung der Gesellschaft nur vergrößern, das Unglück vervielfältigen. Leute aber, die zu viel haben, Geld schuldig sein, bedeutet im Gegenteil: für das Elend ein Gleichgewicht schaffen, sein Teil an der sozialen Nivellierung beitragen.

IV

Wer nur einigermaßen Grundsätze hat, muß seine Schulden, wenn er welche hat, zahlen. Auf die eine Art oder auf die andere. Das heißt also mit Geld oder ohne Geld.

V

Ein schlecht erzogener, ungestümer Gläubiger, der nur mit Unverschämtheiten auf die guten Gründe, die Sie ihm anführen, antwortet – vorausgesetzt nämlich, daß es gute sind und Sie ihm sonst nichts geben –, stellt Ihnen so, ohne es selbst zu wissen, eine vollgültige Quittung über jede Summe aus, die Sie ihm nur irgend schuldig sein können.

VI

Selbst bei der besten Verwaltung scheidet sich eine Nation, sie mag so groß sein, wie sie will, so einig, wie sie nur kann, immer in zwei einander ganz entgegengesetzte Parteien.

Nämlich:

Erste Partei: Individuen, die stehlen. Das ist die stärkere Partei.

Zweite Partei: Individuen, die bestohlen werden. Das ist die größere.

Ich überlasse es dem Leser, die Partei herauszusuchen und in sie einzutreten, die ihm besser paßt, denn er kann sich nicht für eine neutrale oder Übergangspartei entscheiden (wie man in der Politik tut); nach unserer Auffassung kann es nämlich eine solche gar nicht geben!

VII

Die Bevölkerung eines Kaiserreiches oder eines Königreiches besteht ebenso nur aus zwei Klassen: nämlich aus den Produzenten und den Konsumenten.

Die Produzenten sind nichts anderes als – die *Gläubiger.* Die Konsumenten, die Geld ausgeben, sind die *Schuldner.* Also: gäbe es keine Leute, die Geld ausgeben, dann wären auch die Leute, die produzieren, Werte schaffen, überflüssig. Es sind also die ausgebenden Leute, die den Produzenten, den Werte Schaffenden, zu leben geben. Als Folge ergibt sich, daß so ein Werte schaffender Mensch, ein Produzent, ein Gläubiger also, zumindest den Verzehrenden, den Schuldnern, noch etwas schuldet, nämlich: ihm nicht zu zahlen, was er ihm eigentlich schuldig ist. Denn wenn der ihm nichts schuldig wäre, so würde er ja am Hunger zugrunde gehen.

VIII

Bekanntlich steht die glänzende Situation eines Staates immer in einem gerechten Verhältnis zur Höhe seiner Schulden (siehe England!). Machen Sie einen Analogieschluß auf die einzelnen Individuen, nun – was ergibt sich?

IX

Da der Besitz nur kraft der bloßen Tatsache des Besitzers existiert, so hat ein jeder, so wie er nur auf die Welt kommt, Recht auf irgendeinen Besitz.

X

Es ist evident, daß die Welt sich nur aus Leuten zusammensetzt, die zu viel haben, oder aus Leuten, die nicht genug haben. *Ihre* Aufgabe ist es, was *Ihre eigene* Person betrifft, das Gleichgewicht herzustellen.

XI

Es ist besser, hunderttausend Franken einer einzigen, und zwar derselben Person schuldig zu sein als tausend Franken je tausend einzelnen Personen.

XII

Die Zahl der Individuen, die in Verlegenheit sind, weil sie zu viel Geld haben, mit dem sie nicht wissen, was anzufangen, ist genausogroß wie die Zahl jener Individuen, die in Verlegenheit sind, weil sie nicht wissen, was sie anfangen sollen, um etwas Geld zu haben.

XIII

Unter denen, die Schulden haben, sind nur die, die einmal den bösen Anfang gemacht haben, Schulden zu zahlen, dann ins Gefängnis von Sainte-Pélagie gebracht worden. Man würde sich wohl hüten, den dorthin zu stecken, der schon lange Schulden hat und noch nie was gezahlt hat.

XIV

Wer gut zu Fuß ist und ein gutes Auge hat, kann der Freiheit nicht beraubt werden, es sei denn, er will es selbst.

XV

Es gibt auf der Welt nur zwei Geißeln, vor denen alle Mächte der Erde einen nicht beschützen können: das sind die Pest und die Gerichtsvollzieher.

XVI

Sich umbringen, weil man seine Schulden nicht zahlen kann und trotzdem die Absicht dazu hat, ist von allem, was man tun kann, das törichteste. Wenn es nämlich wahr ist, daß man Verpflichtungen gegen seine Gläubiger hat, so muß man vielmehr für sie *leben,* nicht für sie *sterben.*

XVII

» . . . Was ein anderer in der Tasche hat, wäre viel besser in der meinen! . . . Geh fort, damit ich mich auf deinen Platz setze! . . .« Das ist in kurzen Worten das Grundprinzip aller Moral.

ERSTE LEKTION

Von den Schulden

Von der Unmöglichkeit, keine Schulden zu haben. – Was versteht man unter dem Worte Schulden? – Ihre verschiedenen Abarten. – Ihre Zahl, ihre Bedeutung und ihr Wert nach der Auffassung meines Onkels. – Versatzamt.

»Wo ist der glückliche Mann unseres Jahrhunderts« (pflegte mein Onkel zu sagen), »der in den letzten dreißig Jahren mitten in dem Hin und Her der Assignaten, und durch sie wie durch die Schuldscheine, die politische Deroute und den Bankrott (dessen erstes Beispiel der Staat selbst gegeben hat), infolge der Auswanderungen, der Vermögenskonfiskationen, der Aushebungen, der Ansprüche an das Vermögen durch sogenannte Sanierungen und der Invasionen, die alle Besitzverhältnisse umgestürzt haben, immer imstande war zu sagen: *Ich bin keinem Menschen was schuldig* …? Welche Nation, und mag sie auch heute auf Goldbergen sitzen, könnte sagen: *Wir werden nie jemandem etwas schuldig sein* …?

Ich habe es schon gesagt, und ich werde es wiederholen, wann immer ich die Gelegenheit dazu haben werde: Frankreich selbst, so reich es auch ist, setzt sich nur aus zwei Menschenklassen zusammen: aus den Schuldnern und den Gläubigern. Anders ausgedrückt: aus der produzierenden und aus der konsumierenden Klasse.«

Aber wir wollen zu der Hauptsache zurückkehren, die mich zu beschäftigen hat, und auf eine klare und präzise Weise die Erklärung jener Angelegenheit geben, die man Schulden nennt. Wir werden am weitesten kommen, wenn wir dieses Wort nach allen seinen Anwendungsarten untersuchen.

Dieser Terminus, in seinem rechten Sinne aufgefaßt, bedeutet: Das, was man irgend jemandem schuldig ist. Immerhin, man versteht gelegentlich unter Schulden auch das, was man uns schuldet, nämlich Kredit. Um also da Konfusionen zu vermeiden, hat man eine Unmenge verschiedenartiger Schulden zu unterscheiden, und ich will denn auch die Erklärung der einzelnen Ausdrücke hier geben.

Alle jene Leute, die gegeneinander Verpflichtungen eingehen können, können Schulden machen. Es folgt also durch einen logischen Schluß auf das Gegenteil: Jene, die nicht imstande sind, Verpflichtungen einzugehen, können keine Schulden machen. So sind also die Minderjährigen, die Söhne, die noch nicht ihre Volljährigkeit erreicht haben, die Frauen, die unter der Gewalt ihrer Männer stehen, in die Unmöglichkeit versetzt, Schulden zu machen, ohne die Erlaubnis jener, unter deren Macht sie stehen, das heißt ihrer Kuratoren oder Vormünder, ihrer Väter oder ihrer Ehegatten.

Man kann Schulden mündlich und auf alle Arten schriftlicher Auseinandersetzungen machen, sei es durch Wechsel oder durch Schuldscheine, durch Gerichtsbeschlüsse oder ähnliche urteilsmäßige Sentenzen.

Die Gründe, aus denen man Schulden machen kann, sind alle jene Angelegenheiten, die Verpflichtungen bringen, wie zum Beispiel Wohnung, Nahrung, Kleidung, Miete, Ausborgen, Vorschüsse usw. Unsere Jurisprudenz erkennt sechsundzwanzig verschiedene Arten von Schulden an, die sie einzeln bestimmt hat, und die mein Onkel auf die folgende Weise expliziert oder erklärt.

Nämlich:

Erstens: *Aktive* Schulden. Aktiv nämlich vom Gläubiger aus betrachtet, das ist also besser gesagt: Kredit. Zum Beispiel also der Kredit eines Restaurateurs, bei dem man seit langer Zeit speist, und dem man seit ebenso langer Zeit Geld schuldig ist. Dieser Kredit muß eine aktive Schuld genannt werden.

Die Bezeichnung aktive Schuld steht im strikten Gegensatz zu jener der passiven Schuld. Die ist allerdings scheinbar, das heißt bis auf ein Geringes, dieselbe. Immerhin gibt es einen Unterschied. Unter aktiven Schulden muß man jene Summen verstehen, die man schuldig ist, weil man bei dem Restaurateur gegessen *hat,* ohne ihn zu zahlen, und zwar bis zum heutigen Tage. Und unter passiver Schuld das Geld, das man ihm in der Zukunft noch schuldig bleiben wird, indem man nämlich fortfahren wird, es vorzuziehen, bei ihm zu speisen und weiterhin ebenso nicht zu zahlen wie in der Vergangenheit.

Zweitens: *Alte* Schulden, hauptsächlich Hypotheken. Das sind die, die vor allen andern kommen. Sie sind von allen Schulden jene, die am schwierigsten zu machen sind, weil sie die ersten sind, aber auch weil sie am leichtesten auszulöschen sind. Und zwar, weil es acht verschiedene Arten gibt, sie zu amortisieren, ohne sein Portemonnaie auch nur zu öffnen. Was wir dann später beweisen werden.

Drittens: *Jährliche* Schulden. Das sind die, die Jahr für Jahr sich erneuern wie eine Rente, eine Pension, das Vermächtnis einer Summe, das jahraus jahrein zahlbar ist;

es sind die, die man beim Anfang des Jahres oder beim Ausgang des Jahres nicht zahlt, indem man verspricht, im nächsten Jahr das Doppelte zu zahlen, und dann setzt sich das in einer Progression auf die gleiche Art immer weiter fort. Das ist das, was man im Rechtsstil *debitum quot annis* nennt.

Viertens: *Hinfällige* Schulden. Das sind die, die für den Gläubiger gar keinen Wert haben, wo er sich gar keine Hoffnungen machen kann, je Geld zu bekommen. Man muß darauf sehen, daß man nur Schulden dieser Art hat oder zumindest vorzüglich solche.

Fünftens: *Klare* Schulden, das sind die, wo das Objekt genau festgesetzt ist, und wo die Summe dessen, was man schuldig ist, genau festgestellt, bekannt und bezeichnet ist. Zum Beispiel drei Quartale seinem Hausbesitzer schuldig sein, das heißt: eine klare Schuld ihm gegenüber kontrahieren. Wenn Sie es erreichen, ihm auch das vierte Quartal noch schuldig zu bleiben, dann ist der Besitzer *»klar«* bezahlt, nämlich nach den Bestimmungen des Gesetzes.

Sechstens: *Bedingungsweise* Schulden, das sind diejenigen, die nur unter gewissen Bedingungen geschuldet werden. Zum Beispiel: »Ich werde Ihnen zahlen, wenn ich Geld bekomme.« Man hat nichts zu bekommen, man hat also auch nichts zu bezahlen. Nach den Ausdrücken der Jurisprudenz: Si navis ex asia venerit. Das bedeutet: wenn das Dampfschiff einmal rechtzeitig ankommen wird.

Siebentens: *Konfuse* Schulden, das sind diejenigen, deren Rechtsgründe ein wenig verwickelt sind, so daß derselbe Mensch zu gleicher Zeit Gläubiger und Schuldner desselben Objektes ist, infolgedessen Gläubiger und Schuldner desselben Individuums, so daß weder der eine noch der andere Klarheit genug über die Natur seiner Schulden hat. Und wenn nun einer von beiden die Grundlagen oder die Begründungen der Schuld ein wenig in Unordnung bringt, so vollzieht er eben auf diese Weise schon die *»Amortisation«*.

Achtens: *Zweifelhafte* Schulden, das sind diejenigen, die nicht gerade hinfällig sind, aber deren Rückzahlung trotzdem um nichts sicherer ist. Es handelt sich um eine Art von Versprechen, das man zu periodischen Zeiten auf eine ungewisse Art vom Schuldner erhält.

Neuntens: *Erloschene* Schulden, das sind diejenigen, die man nicht mehr einfordern kann, sei es, weil sie verjährt sind, oder weil man nicht mehr in der Lage ist, einen Gerichtsbeschluß auf Zahlung zu erwirken, was man in der Sprache der Jurisprudenz *prescription* nennt.

Zehntens: *Einzufordernde* Schulden, das sind diejenigen, die man durch die Gerichte, die dafür kompetent sind, sofort einfordern kann, ohne auch nur irgendeinen Aufschub oder den Eintritt irgendeiner Bedingung abwarten zu müssen.

Wechsel, Kreditscheine, Obligationen jeder Art, wenn sie einmal unterschrieben sind, können unter diese Kategorie der einzufordernden Schulden eingeordnet werden. Wer eine sogenannte *einzufordernde* Schuld kontrahiert, der untergräbt von Grund bis zum Gipfel das Kartenhaus, auf dem unser ganzes Kreditsystem basiert.

Elftens: *Gesetzliche* Schulden, das sind diejenigen, zu deren Rückzahlung man verpflichtet ist, ja späterhin vom Gesetz gezwungen werden kann. Das Mittel, das in der folgenden Notiz über die *achte* Art, seine Schulden loszuwerden, angegeben werden wird, ist so ziemlich der einzige praktikable Weg, um wirklich die Amortisation zu bewirken.

Zwölftens: *Legitime* Schulden, das sind Schulden, die ihren gerechten Grund haben und nicht von wucherischer Art sind.

Zum Beispiel: Ich leihe mir einen Tausendfrankenschein von einem intimen Freund, den ich erst am Abend vorher kennengelernt habe. Und ich verspreche, den Tausendfrankenschein am nächsten Morgen zurückzugeben. Er leiht mir ihn, ohne Zinsen zu verlangen und auch, ohne daß ich ihm eine Bestätigung gebe. Ich gebe ihm den Tausendfrankenschein nicht wieder, obwohl er ihn verschiedene Male von mir zurückverlangen läßt, und da ich bei diesem intimen Freunde nur eine legitime Gefälligkeitsschuld kontrahiert habe, trage ich sie in der Form von Dankbarkeit ab; ich habe sie also bezahlt, wenn auch diese Form der Zahlung keinen sogenannten Marktwert hat. Der »intime Freund« ist wohl oder übel gezwungen, sich mit diesem Zustand zufriedenzugeben.

Dreizehntens: *Illegitime* Schulden. Ich kenne keine wirklichen von dieser Art.

Vierzehntens: *Flüssige* Schulden, das sind jene, wo der Preis des Objekts von vornherein fixiert ist. Alle Caféschulden zum Beispiel sind wirklich »flüssige« Schulden.

Fünfzehntens: *Nichtflüssige oder sogenannte solide* Schulden, das sind alle diejenigen, deren Basis nicht unwiderleglich fixiert ist. Sie haben zum Beispiel die Absicht, die Summe von dreitausend Franken auf drei Gläubiger zu verteilen, aber Sie wissen nicht, wieviel auf jeden kommt, aus dem Gedächtnis nämlich. Sie sind infolgedessen, damit die Teilung auch im richtigen Verhältnis vor sich geht, gezwungen, zu warten, bis diese Leute ihre Rechnungen zusammen vorgelegt haben. Nun schön, diese Art von Schulden sind eben nichtflüssige Schulden. Schulden, die man zum Beispiel bei einem Schneider gemacht hat, müssen immer in diese Kategorie eingeordnet werden, weil Sie wirklich nicht wissen, was Sie ihm wirklich schuldig sind, es sei denn lange Zeit, nachdem man Ihnen geliefert hat. Das ist nun eine nicht-liquide, oder genauer gesagt: solide Art von Schulden.

Sechzehntens: *Strittige* Schulden, das sind selbstverständlich diejenigen, die man bestreiten kann. Ein Tuchhändler verkauft Ihnen zum Beispiel Elbœuf-Tuch unter dem Vorwande, es sei aus Louviers; obwohl Sie das eine ebensowenig wie das andere zu zahlen beabsichtigen, – es ist trotzdem eine strittige Schuld.

Siebzehntens: *Persönliche* Schulden, das sind alle, wenn man sie nämlich – persönlich mit Geld bezahlen kann. Wenn nicht, gibt's gar keine.

Achtzehntens: *Privilegierte* Schulden, das sind jene, die man *vor* allen andern zahlen muß, wenn man zu solch äußerstem Entschluß genötigt ist.

Neunzehntens: *Reinliche* Schulden, das sind eine ganz besondere Art von privaten Schulden: Minimum hunderttausend Franken, Maximum zwei Millionen. Über diese Summe hinaus rangieren Schulden in der Domäne der Staatsschulden. So eine reinliche und private Schuld, wie auch jede Staatsschuld, verpflichtet den Schuldner zu gar nichts.

Zwanzigstens: Schulden, *kurz und simpel,* das heißt

einfach: kaufen, nehmen, leihen, ausborgen, verzehren ohne zu zahlen. Diese Art von Schulden sind wahrhaftig – Eselsbrücken.

Einundzwanzigstens: *Reelle* Schulden. Das sind diejenigen, wo gar kein Schwindel dabei ist. Ein Wechsel zum Beispiel.

Zweiundzwanzigstens: *Schmutzige* Schulden. Das sind Schulden des Flickschusters zum Beispiel. Diese Schulden dürfen, um ihre Bedeutung zu behalten, niemals über zwei Franken fünfundzwanzig Centimes hinausgehen, nämlich dem Kostenpunkt eines Paars Pantoffeln.

Dreiundzwanzigstens: *Vorgebliche* Schulden. Das sind die, die man nur zum *Schein* macht und die dann doch meist damit enden, *Wirklichkeit* zu werden. Zum Beispiel: durch seine Unterschrift sich für einen Freund verbürgen, auf sein Wort vertrauend, daß er zum Fälligkeitstermine das Geld auch wirklich zahlen wird.

Vierundzwanzigstens: *Gesellschaftliche* Schulden. Das heißt, seinem Nachbarn, nachdem man beim Ekarté verloren hat, zehn, fünfzehn, zwanzig oder fünfundzwanzig Napoléons abborgen, um dann mit ihm weiterzuspielen.

Fünfundzwanzigstens: *Verjährte* Schulden. Das ist zum Beispiel eine Schuld, die man vor seiner Volljährigkeit gemacht hat. Man kann sie nach dem Tode zahlen, wenn einem das besser paßt.

Sechsundzwanzigstens: *Wucher*schulden. Das sind jene, wo der Gläubiger sein Geld zu achtundvierzig Prozent oder irgendeinem andern Zinsfuß, der höher ist als der vom Gesetz erlaubte, hergegeben hat.

Ein Mann, der Grundsätze hat, kann honorigerweise kein Geld annehmen, das man ihm auf seine Unterschrift hin zu einem höheren Satze als zu achtundvierzig Prozent fürs Jahr leihen würde, und zwar schon aus dem Grunde, weil die so wohltätige Institution des Versatzamtes sich mit der Hälfte begnügt; und die leiht zudem nur auf ein Pfand, das mindestens fünfmal so viel wert ist als sie vorstreckt. Das ist also zu vierundzwanzig Prozent das Jahr; wenn man nämlich richtig rechnet und alle Kosten dazuschlägt. Dazu hat man da keine Leibespfändung zu fürchten, was nicht wenig bedeutet. Ich werde davon in meiner neunten Lektion sprechen.

ZWEITE LEKTION

Über die Tilgung der Schulden

Grundprinzip. – Wahrheit und Vorurteile. – Verschiedene Arten, die Schulden zu zahlen oder zu tilgen, von welcher Art sie auch sein mögen. – Von der Verjährung. – Ausflüchte, wie sie das Gesetzbuch lehrt. – Gefahr der Akontozahlung. – Ein Brief meines Onkels. – Schlimme Folgen der Rückzahlung mit Bargeld. – Befriedigung der Gläubiger.

Im Prinzip müssen Sie versuchen, aus allen Ihren Gläubigern Freunde zu machen, und zwar Freunde, die Sie wirklich lieben, und die Ihnen das beweisen, indem sie Ihnen weiter Kredit geben. Sie müssen infolgedessen so handeln, daß sie – die Gläubiger – noch mehr als alle andern Leute an der Erhaltung und Verlängerung Ihrer Erdentage interessiert sind, daß sie sich beunruhigen, wenn Sie krank sind, sei es auch nur ein Schnupfen, und daß sie zittern, wenn Sie eine Lungenentzündung bekommen.

Wenn Ihnen vielleicht der Einfall kommen sollte, diese Leute zu bezahlen oder ihnen auch nur eine Akontozahlung in barem Gelde zu geben, dann würden Sie dieses Interesse ganz und gar vernichten. Und zwar würde ihre zarte Besorgtheit um Sie sich sofort in eine tiefe Gleichgültigkeit verwandeln. Wenn es Ihnen zustoßen sollte, in irgendeinem Augenblick einen Wechsel, einen Schuldschein, irgendein Dokument, das Ihre Verpflichtungen regelt, aus der Hand zu geben, so wird es Ihnen sicher passieren, daß diese Leute dann, wenn sie einen Ihrer intimen Freunde treffen oder irgendwo sind, wo man von Ihnen spricht, nicht einmal mehr nach Ihnen fragen. Das Geld, das Sie ihnen geben könnten, würde in Wirklichkeit nichts anderes bewirken: als daß die bisher ängstlich Besorgten kalte und gleichgültige Individuen werden. Alles, was Sie ihnen in einem solchen Fall geben können, ist: ihnen ganz einfach und simpel irgend etwas zu versprechen. Aber ohne einen bestimmten Termin festzusetzen. Auf diese Weise werden bei ihnen – immer den Gläubigern – jene herzlichen und zärtlichen Gefühle erhalten, die den Reiz des Liebens ausmachen, und dazu noch der Kredit, den man haben kann, erhöht.

Es gibt eine unbestreitbare Wahrheit, die mein Onkel in seinen ›Verstreuten Schriften und Gedanken‹ niedergelegt hat, und die ich Ihnen mitteilen muß.

Nämlich: es ist immer noch besser, ohne einen Heller in der Tasche zu sein als ohne Kredit. Leider gibt es ein stark eingewurzeltes Vorurteil, demnach man früher oder später schließlich doch seine Schulden zahlen muß. Und das ist es, was die *konsumierenden* Individuen zugrunde richtet. Denn vom Augenblick an, wo Sie zahlen, haben Sie auch keinen Kredit mehr. Fangen Sie also damit an, niemanden zu zahlen, und enden Sie auf die gleiche Art, dann werden Sie sagen können, daß es Ihnen gut ergangen ist. Wenn Sie mit zwanzig Jahren einen Kredit von zwanzigtausend Franken haben und diese Methode immer genau befolgen, dann werden Sie sicher hunderttausend Franken Kredit besitzen, bevor Sie noch vierzig sind.

Wie immer es aber auch damit ist, man kann Schulden zahlen oder tilgen auf acht verschiedene Arten.

Nämlich:

Erstens: Durch Barbezahlung. Das ist ohne Zweifel die

einfachste Art, sie aus der Welt zu schaffen; allein wenn man diese Methode befolgen wollte, dann wäre das Werk meines Onkels wahrlich unnütz.

Zweitens: Indem man eine oder mehrere Schulden in eine oder mehrere *andere* verwandelt. Diese Art von Tilgung, die für den nachdenklichen Schuldner viele Vorzüge hat, wird auch *Schiebung* genannt.

Drittens: Durch den freiwilligen Aufschub, den Ihnen der Gläubiger gewährt. Ich möchte nur anmerken, daß es doch fast niemals ein *freiwilliger* ist.

Viertens: Durch die Konfusion, die entsteht, indem die Eigenschaften des Gläubigers und des Schuldners sich in einer Person ein wenig vermengen.

Die Zeit und die Geduld sind die einzigen Mittel, diese Art von Schulden zu bezahlen.

Fünftens: Durch eine rechtsgültige Schuldverschreibung. Hier ist dieselbe Beobachtung anzumerken, wie bei der ersten Art.

Sechstens: Durch die sogenannte »Zustellungsunmöglichkeit« oder durch die Verjährung. Diese Methode ist so ausgezeichnet, daß ich später noch einige Bemerkungen darüber mitteilen werde*.

* Zustellungsunmöglichkeit in unserem Sinne bedeutet, daß ein Schuldner nicht auffindbar ist, oder daß es unmöglich ist, ihm ein Schriftstück seines Gläubigers zu übergeben. Die Verjährung ist jenes Mittel, das Eigentumsrecht einer Sache zu erwerben, das darin besteht, daß man sie durch eine Reihe von Jahren, die das Gesetz bestimmt, ununterbrochen besitzt. (Dictionnaire de l'Académie.)

Ein Beispiel: Der Besitzer Ihres Hauses vergißt etwa drei Quartale hindurch den Mietzins, den Sie ihm schulden, einzufordern, oder vielmehr Sie vergessen, diese Verpflichtung ihm gegenüber zu erfüllen. Hat dann einmal das vierte Quartal angefangen, so hat er nichts

Siebentens: Durch die gerichtliche Ungültigkeitserklärung der Schuld. Das ist ein sehr übles Mittel, das man niemals auch nur versuchen darf. Man muß ja immer voraussetzen, daß man seinen Prozeß auch nicht gewinnen kann, und daß man dann in die Hände des Gerichts gerät, das Ihre Gläubigerin wird. Mit dem können Sie nicht mehr umspringen, wie *Sie* wollen, sondern es springt mit *Ihnen* um, wie es will, wenigstens ungefähr; es sei denn, die Dinge geschehen im fernen Normannenland.

Achtens und endlich: Durch den Tod des Schuldners, immerhin nachdem anerkannt und erklärt worden ist, daß er zahlungsunfähig ist, oder auch durch den des Gläubigers, wenn er nichts Geschriebenes von Ihnen hat.

Es ist zu bemerken, daß sieben Achtel der Schulden, die überhaupt gemacht werden, auf diese Weise erlöschen, und das hat den natürlichen Grund, daß der Schuldner sowie der Gläubiger nach einer gewissen Zeit, die eben verstreichen muß, jeder der Reihe nach auch »erlöscht«. Da hängt nun allerdings sehr viel vom Alter des einen, von der Geduld des andern ab.

Ich habe eben gesagt, daß die Verjährung eines der gesetzlichen und der wirksamsten Mittel ist, um die Gläubiger zu bezahlen, sich von ihnen zu befreien, ohne ihnen auch nur einen Sou zu geben. Diese Behauptung ist leicht zu beweisen durch den Artikel 2271 des Code civile,

mehr von Ihnen zu fordern. So sagt es das Gesetz. Denn Sie zahlen ihm gleichsam mit der Verjährung, das heißt, ohne daß es Sie auch nur einen Sou kostet. In den möblierten Hotels tritt die Verjährung nach sechs Monaten ein. Das heißt: wenn der siebente begonnen hat, so haben Sie Recht auf eine Quittung; oft bekommen Sie auch noch die Kündigung dazu, und das ist dann ein doppelter Vorteil.

III. Buch, Kapitel 20, und diese Art der Bezahlung ist auch die einzige, die Sie Ihren Gläubigern anbieten können, und mit der die sich dann wohl oder übel begnügen müssen.

Also, – Sie wollen wohnen, essen, sich bilden und noch dazu, als Folge einer ausgesprochen menschenfreundlichen Regung, Künstlern und Schriftstellern, die zur Zeit keine Beschäftigung haben, zu tun geben, das alles, ich wiederhole es, ohne auch nur einen Sou zu zahlen. Nun gut, machen Sie sich darum weiter keine Sorgen. Der Hausbesitzer, der Restaurateur, der Lehrer, der Maler, der Poet, sie haben sich alle nach einer gewissen Zeit schon selbst bezahlt – durch eben das Gesetz über die Verjährung –, wenn sie nämlich sechs Monate gewartet haben. Sie können also Ihre Wohnung im Hotel Meurice aufschlagen, jeden Tag im Palais Royal, bei Chatelin, dejeunieren, dinieren, Englisch oder Deutsch lernen, ihr Porträt von Millet oder Madame Salvator-Callaut machen lassen, Ihrer Geliebten Verse durch die Vermittlung eines unserer ersten Versefabrikanten schicken, wenn Sie selbst nicht imstande sind, Verse zu machen, alles das um den Preis von zwei Franken, den die fünf Gesetzbücher kosten, die Sie dem Buchhändler auf die gleiche Art abkaufen und bezahlen werden, um sie studieren und sich in die Wissenschaft des einen sublimen Artikels 2271 in Ruhe versenken zu können, der für sich allein eine Goldmine ist, ja wahrhaftig eine Quelle des Glücks.

Ich habe zu Anfang dieses Kapitels gesagt, daß man sich wohl hüten muß, jemals einem seiner Gläubiger auch nur die geringste Akontozahlung zu leisten, weil man sonst Gefahr läuft, seinen Kredit zu verlieren. Mein Onkel beweist diese Behauptung auf so siegreiche Weise, daß ich mich verpflichtet fühle, um ein möglichst starkes Beispiel wirken zu lassen, ihm selbst das Wort zu geben:

»Bei meiner Rückkehr aus den Bädern von Plombière«, schrieb er mir, »habe ich während eines ganzen Jahres bei einem braven Restaurateur des Faubourg Saint-Germain gegessen, der zufrieden war, wenn er alle meine Mahlzeiten aufschreiben durfte. Nach mehr als dreihundertfünfundsechzig Tagen solcher Zähigkeit war ich sein Schuldner für eine Summe von mehr als vierzehnhundert Franken, und da erkrankte ich plötzlich. Wie groß war aber meine Rührung, als ich erlebte, daß am nächsten Tage frühmorgens mein ehrenwerter Restaurateur in mein Zimmer trat und in seiner Begleitung sein Arzt war, den man in der ganzen Stadt wegen der wunderbaren Kuren, die er ohne Schröpfköpfe und ohne Lavements schon bisher vollzogen hatte, kannte. Mein Amphitryon schüttelte mir herzlich die Hand. Eine zarte Unruhe malt sich in seinen Zügen. Ich lasse mir den Puls zählen. Er verlangt von seinem Arzt Aufschluß darüber, ob meine Krankheit vielleicht ernst sei; der gibt eine negative Antwort, es braucht trotzdem einer heftigen Mühe, um ihn nur etwas zu beruhigen. Um dem Restaurateur, soweit ich es konnte und immer nach der Methode, deren erste Prinzipien ich ihm eben in den Kopf einhämmern wollte, doch auch eine Gegenleistung zu bieten, erklärte ich mich schließlich bereit, die Zunge zu zeigen, die nicht übel aussah und dadurch bewies, daß mein Magen gesund war. Da der Doktor erklärte, daß Mangel an Nahrung meine Schwäche nur verstärken würde, daß ich im Gegenteil es notwendig hätte, stärkende Nahrung zu bekommen, mußte ich mit größter Dankbarkeit es miterleben, daß man mir am Abend desselben Tages – der Spender war mein anteilnehmender Restaurateur – eine Bouillon brachte oder vielmehr eine Quintessenz von Fleischsaft. Und die acht Tage hindurch, die meine Krankheit dauerte, schickte er mir alle Morgen die besten Produkte seiner Kochtöpfe. Wenigstens waren sie das, wenn ich nach den goldenen Augen schließen darf, die auf der Oberfläche der Suppen immer schwammen. Er begleitete die Bouillon mit ein paar panierten Koteletts, die eines wählerischen Gaumens und einer herzhaften Flasche Bordeaux nicht unwürdig waren. Diese Behandlung und Diät brachte mich bald wiederum auf die Beine. Meine Dankbarkeit führte mich auch sofort wieder in das Restaurant meines zweiten Nährvaters, der entzückt war, mich an meinem Stammtische sitzen zu sehen. Da, und in seiner Anwesenheit, machte ich die ersten Versuche, wie weit es mit meinen Kräften sei, und zwar an einem Rehfilet *sauté au vin de Madère*, und ich erwies sie dann ganz an der Hälfte eines *Poulet à la Marengo*; eine Flasche Mercuraz, die ich zwischen Chester und Mokka trank, gab mir Mut, und mein Sieg war vollendet, ich krönte ihn, als ich ein Glas Marasquino trank.

Wenn Du nur die Genugtuung gesehen hättest, mit der dieser wahrhafte Freund die wiederholten Bewegungen meines Handgelenks und meiner Ellenbogen (beim Essen und Trinken nämlich) bewunderte, wie er die Elastizität meiner Kiefer, meines Gaumens, kurz, meinen guten Appetit, dies einzige Pfand für seine Ansprüche, bewunderte! ... Von diesem Augenblick an war mein Kredit ohne Grenzen, und die ›produzierende Kraft‹ – mein Gläubiger nämlich – im Himmel ... Unmöglich, glücklicher zu sein als er ...«

Dies Fragment eines Briefes meines Onkels besagt zur Genüge, welche Folgen eine ununterbrochene Serie von Schulden hat. Die leiseste Andeutung einer Akontozahlung hätte alles ruiniert. Aber wenn man ein berühmteres Beispiel für den bösen Erfolg der Rückzahlung zitieren sollte, so würde ich hier erinnern an das Projekt eines Gesetzes, das die Deputiertenkammer einmal angenommen hat und das die Kammer der Pairs in ihrer großen Weisheit, von der sie schon so viele Proben gegeben hat, unter dem Beifall von ganz Frankreich zurückwies. Dort wußte man sehr wohl, wie sehr die Rückzahlungen, von welcher Art sie auch seien, verderblich wirken. Einem Gläubiger sein Geld zurückzahlen, das heißt: aus ihm eine leblose Statue machen, das heißt: alle seine Aktivität paralysieren, das heißt: den Handel töten.

DRITTE LEKTION

Über die Gläubiger

Verschiedene Arten von Gläubigern. – Sie sehen nicht alle gleich aus. – Wer hat das Recht, sich einen Gläubiger zu nennen? Auf Grund welcher Rechte? – Handlungen, die Gläubigern erlaubt sind. – Was ihnen verboten ist. – Verschiedene Gebräuche. – Das klassische Land der Gläubiger.

Unter den Gläubigern, die man haben kann, gibt es immer einige zartfühlende und edle Leute, die zum Schluß sich dem Schuldner attachieren, nämlich jenem Schuldner, der ihnen nie etwas gezahlt hat. Man hat es allmählich miterlebt, daß aus dem Gläubiger ein intimer Freund geworden ist, daß er sich über Unannehmlichkeiten und Sorgen, in die man gerät, aufregt und Tränen der Rührung vergießt bei den Zeichen der Dankbarkeit, die man ihm erweist. Das ist eine Art von ganz exzellenten Menschen. Haben sie Sie einmal gern gewonnen, so gibt es kein Mittel mehr, ihnen zu entgehen. Da ist einfach eine Änderung in ihrer moralischen Konstitution geschehen: diese Art von Gläubigern, die übrigens ziemlich selten ist, hat die Gewohnheit angenommen, Sie einzuladen oder Ihnen Besuche zu machen, und zwar so sehr, daß ihnen etwas zu ihrem Glücksgefühl fehlen würde, wenn vierundzwanzig Stunden vergingen, ohne daß sie mit Ihnen gesprochen hätten. Ihr Antlitz scheint ihnen eine Lebensnotwendigkeit zu sein. Aber vertrauen Sie nicht darauf: *alle* sind nicht so. Ich für meinen Teil habe eine hübsche Menge kennengelernt, die nicht so hohe philanthropische Ansichten besaßen. Erfahren Sie also überhaupt vor allem, was das überhaupt genau ausgedrückt ist: ein *Gläubiger!* Und lernen Sie als naturwissenschaftlich gebildeter Mensch die Klassen, Arten und Gattungen der Gläubiger unterscheiden.

Man nennt Gläubiger das Individuum, dem irgendeine Sache von einem andern geschuldet wird, wie zum Beispiel eine Summe Geld, eine Rente, Waren, überhaupt jegliche Art von Lieferung, und zwar auf Grund eines Rechtes, irgendeines Anspruches, welcher Art er auch immer sei. Immerhin, um sich wirklich und mit Recht Gläubiger eines Menschen nennen zu dürfen, ist es notwendig, daß jener, von dem man behauptet, daß er der Schuldner ist, sich auch wirklich dem andern verpflichtet hat, und zwar auf natürliche Weise.

Man wird Gläubiger auf Grund eines Kontraktes, Wechsels, Schuldscheins, Urteils, eines Vergehens usw. usw. ... Creditorium appellatione (sagt das Gesetz pag. 11 ff. *de Vers. oblig.*) non hi tantum accipientur qui pecuniam crediderunt, sedamus quibus ex qualibet causa debetur.

Alle Gläubiger sind Handschriftensammler*, die einen wie die andern ganz gewöhnliche oder privilegierte.

Ein Gläubiger kann verschiedenerlei Ansprüche auf dieselbe Schuld geltend machen. Nämlich: einen persönlichen gegen den Verpflichteten oder dessen Erben. Eine Sachklage, wenn es sich um Grund und Boden handelt; eine Hypothekenklage, den Anspruch auf eine verpfändete Erbschaft usw.

* Manchmal auch Hypothekensammler.

Es ist dem Gläubiger gestattet, um zu seinem Geld zu kommen, alle diese Arten von Verfolgungen, zum Beispiel Pfändungen, Zahlungsaufträge u. a. zu kumulieren, vorausgesetzt, daß es sich um eine Summe von wenigstens hundert Franken handelt. Auch von der Leibespfändung kann er Gebrauch machen, wenn die Form seiner Forderung ihn dazu berechtigt*.

Aber es ist dem Gläubiger nicht erlaubt, auf Grund seiner eigenen Autorität und mit eigener Macht sich in den Besitz der beweglichen oder unbeweglichen Güter des Schuldners zu setzen. Er muß sie zuerst beschlagnahmen lassen, dann verkaufen, und zwar das alles durch die Gerichtsamkeit. Der Grund dafür ist, daß der Gläubiger ja nicht ein Recht auf die Sache selbst hat, die einem Schuldner gehört. Er hat auf diese Sache nicht das, was die Gelehrten *jus in re* nennen, sondern nur *jus ad rem,* das heißt, daß er nur die Macht hat, seinen Schuldner oder auch dessen Rechtsnachfolger anzuhalten, ihn bar zu bezahlen oder ihm das in Frage stehende Objekt zurückzuerstatten.

Man kann den Gläubiger nicht zwingen, seine Schuld zu »zerhacken«, das heißt, einen Teil dessen, was man ihm schuldet, anzunehmen oder auch irgend etwas anderes an Zahlungsstatt anzunehmen, in eine Übertragung der Schuld zu willigen oder seine Zahlung an einem anderen Orte zu empfangen als dort, wo sie geschehen muß.

Wenn mehrere Leute zusammen irgend etwas herleihen, so ist nicht jeder einzelne von ihnen als Gläubiger an-

* Lesen Sie darüber in meiner Lektion, die ausschließlich von der Leibespfändung handelt, nach!

zusehen, es sei denn für seinen persönlichen Anteil, außer es ist ausdrücklich stipuliert, daß alle solidarisch als Gläubiger anzusehen sind, daß jeder von ihnen allein, auch im Namen aller andern, die gesamte geschuldete Summe fordern darf.

Die Eigenschaft als Gläubiger gibt einen Rechtsgrund für die Ablehnung eines Zeugen; sie wäre auch ein Mittel, um einen Schiedsrichter oder einen Richter zurückzuweisen.

Ich habe noch einige Gebräuche sonderbarer Art anzumerken, die früher in bezug auf Gläubiger in Anwendung standen.

In Bourges durfte ein Gläubiger in eigener Person die gesamten Gerätschaften seines Schuldners an sich nehmen und sie als Pfand zurückhalten, vorausgesetzt, daß der *Prévôt* oder der *Voyer* es ihm gestattete*.

Alle Bürger von Chartres genossen dieselben Privilegien.

In Orléans brauchte der Gläubiger, wenn er die Eintreibung seiner Schuld besorgte, keine Gerichtskosten zahlen, indem er sich als »Fremder« betrachten durfte.

In der Normandie war es ganz umgekehrt. Aber es war doch gewissermaßen dort schwerer, seine Schulden durch das Gericht hereinzubekommen als vom Schuld-

* Der *Prévot* war seinerzeit ein königlicher Richter, der die Unterschiede zwischen den privilegierten Bewohnern und denen, die es nicht waren, kannte und darüber entschied, ob sie vor das Parlament gerufen werden sollten oder nicht. – Die *Voyers* waren Offiziere, vorgesetzt der »police des chemises«, auf dem Lande und in der Stadt, und dieses Amt existiert noch unter demselben Titel, aber sie haben ganz besonders bestimmte Befugnisse.

ner selbst. Man weiß ja überdies, daß in allen Zeiten die Normandie als das Geburtsland, das klassische Land der Schuldner und der Gläubiger betrachtet worden ist.

VIERTE LEKTION

Über die Schuldner

Der Alexander der Schuldner. – Was ist ein Schuldner? – Rechte und Vorrechte, die den Schuldnern eingeräumt sind. – Jüdische, indische, orientalische und französische Gebräuche. – Verschiedene Gesetze, die auf die Schuldner Bezug nehmen. – Anerkannte Gebräuche.

Mein Onkel war sehr liiert mit einem berühmten Schuldner, den wir alle kennen, und der viele Millionen Schulden gehabt hat. Das ist einer von jenen vergnügten Burschen, von denen kein Gläubiger je prahlerisch sagen kann, daß er auch nur einen Sou aus ihm herausgepreßt hat. Er aber für seinen Teil wälzt sich nur so auf Gold und Silber, er hat für die verschiedensten Regierungen Europas Lieferungen gemacht, Monarchen, die kein Geld haben, Kapitalien vorgeschossen – man vergesse nämlich nicht, daß die Gattung der ehrenwerten Menschen ohne Geld unendlich groß ist –, in der letzten Zeit hatte er zum Beispiel in einem einzigen Feldzug bis zu zwölfhundert Franken in der Stunde verdient. Es ist ein rechtes Unglück für ihn, daß dieser Stand der Dinge nur drei Monate gedauert hat.

Dieses Individuum ist dahin gekommen, sich von allen Gesetzen und Verordnungen, die das geschäftliche Leben beherrschen, so freizumachen, daß er sowohl in seiner Person als in seinem Geldbesitz unerreichbar ist.

In seinem Dienste stehen Puppen und Strohmänner – und er hat seine Frau nur aus dem Grund genommen, um noch einen Namen zu seiner Verfügung zu haben.

Muß man einnehmen, einstecken, Geld erraffen, ja sogar zu Lieferungszwecken anbieten, ja, dann findet ihn das Gouvernement immer da, Fleisch und Knochen. Gilt's aber zu zahlen, dann ist er nur Schall und Rauch oder eine Schimäre von der Art jener, der eine Zahl von Romantikern nachjagen. Allerdings haben diese Romantiker mit dem Typus des Schuldners nichts zu tun.

Immerhin, auch er mußte schließlich jenes nützliche Etablissement besuchen, das ich auf eine so ehrenbringende Weise in der zehnten – man sehe nur da nach! – Lektion dieses Buches erwähnt habe. Man hat jedoch erklärt, daß es nur der Form wegen geschehen ist, und weil er persönlich Kenntnis von den Örtlichkeiten nehmen wollte.

Unglücklicherweise existieren nur sehr wenige Schuldner von dieser Art, und alle die unglücklichen Geldausgeber, für die ich schreibe, sind weit davon entfernt, die Anlagen zu haben, auf die gleiche Art vorgehen zu können.

Darum muß ich hier auseinandersetzen, was ein Schuldner ist, und welches die Fälle sind, wo man als Schuldner angesehen werden kann.

Man nennt Schuldner denjenigen, der irgend etwas einem anderen schuldet.

Der Schuldner wird in den römischen Gesetzen debitor oder reus debendi, reus promittendi genannt, gelegentlich auch reus ganz einfach. Man muß aber darauf achten, daß dieses Wort reus, wenn es sich irgendwo allein findet, gelegentlich auch den Schuldigen, den Angeklagten bedeutet, das heißt auch den Schuldner und den Gläubiger.

Die Heilige Schrift verbietet dem Gläubiger, seinen Schuldner zu quälen und ihn zu drücken, sei es durch Wucher, sei es durch »böse Worte«.

Diese Vorschrift ist aber bei allen Nationen, den modernen ebenso wie den antiken, immer nur recht mangelhaft angewendet worden. Bei den Juden zum Beispiel konnte der Gläubiger, wenn ihm nicht gezahlt wurde, seinen Schuldner einsperren lassen, ja sogar seine Frau und seine Kinder verkaufen. Der Schuldner wurde in diesem Falle der Sklave des Gläubigers.

In der Türkei waren die Dinge noch ärger. Ein muselmännischer Gläubiger hatte das Recht, seinen Schuldner, war der auch ebenso Muselmann wie er, pfählen zu lassen, wenn einmal der Fälligkeitstermin verstrichen war. War aber der Schuldner gar Grieche oder Jude, Christ, römischer Katholik, so konnte er ihn mit noch viel mehr Recht, ja dazu »ohne Seife«, pfählen lassen; allerdings nachdem er die gebührende Erklärung vor dem Gesetz, den Behörden gemacht hatte*.

Das Zwölftafel-Gesetz war noch viel strenger; denn es gestattete, den Schuldner in Stücke zu reißen und die einzelnen Stücke unter den Gläubigern als eine Art von Rückzahlung zu verteilen, so wie man eben Mark für Franken gibt. Aber wenn es nur einen einzigen Gläubiger gab, durfte er seinem Schuldner das Leben nicht nehmen. Er hatte nur die Macht, ihn meistbietend auf dem öffentlichen Markte versteigern zu lassen.

In Indien waren die Gläubiger nicht so schlecht erzogen. Sie begnügten sich, mit der Frau oder einer der Töch-

* Vergleiche die Geschichte des ottomanischen Kaiserreichs.

ter (nach freier Wahl) ihres Schuldners zu schlafen, aber man durfte das nur ein einziges Mal tun*.

Ein Einfall von dieser Art kam allerdings einem verliebten Gläubiger oft teuer zu stehen. Von diesem Gebrauche haben wir vermutlich das Sprichwort bekommen: »Man nimmt, was man kriegt.«

Die Macht, seinen Schuldner für »zahlungsunfähig« zu erklären und ihn in Sklaverei in seinem Hause zurückzuhalten, wurde den Gläubigern durch den Tribun Pelius genommen, der anordnete, daß der Schuldner nicht mehr als Sklave seinem Gläubiger zugesprochen werden dürfe. Dieses Gesetz wurde siebenhundert Jahre später unter Diocletian erneuert und erweitert; er schaffte diese Art von zeitweiliger Sklaverei, die man nexus nannte, vollständig ab. Davon ist die Rede in dem Gesetz, ob aes alienum codice de obligat. Vom Jahre 428 an hatten die Gläubiger in Rom nur noch die Macht, ihre Schuldner zeitweise im öffentlichen Gefängnis zurückzuhalten, bis sie zahlten.

Alles das stützt die Auffassung meines ehrenwerten Onkels, der behauptete, daß die Gläubiger ebenso alt seien wie die Welt selbst, daß vom Augenblick, wo es zwei Menschen auf der Erde gegeben habe, der eine naturgemäß der Gläubiger des andern werden mußte.

Julius Cäsar, von Mitleid für die unglücklichen Schuldner ergriffen, gestattete ihnen die Rechtswohltat der »Zession«, daß sie nämlich, um sich der Haft zu entziehen, das Recht haben sollten, ihr Gut dem Gläubiger zu überlassen, so daß sie nicht alle Hoffnung verlieren mußten, in der Zukunft sich wieder ein neues Leben aufzubauen.

* Histoire civile et commerciale des Indes. Vom Übersetzer der ›Young'schen Reisen‹.

So war dann die Todesstrafe und die Sklaverei abgeschafft, und es blieb gegen die Schuldner nichts übrig als die Leibeshaft. Gott aber weiß, daß von jener Zeit an bis auf den heutigen Tag die Gläubiger reichlich Gebrauch von dem Gesetze Julius Cäsars gemacht haben, und daß dieses Gesetz noch heute stärker in Kraft zu sein scheint als jemals. Und so ist es ja, daß die guten Einrichtungen zwar prompt verschwinden, die bösen aber immer wieder zu neuem Leben aufwachen.

Immerhin, bei den Galliern gaben sich jene Leute, die ihre Schulden nicht zahlen konnten, in Sklaverei, und das ist es, was man bei den Römern *addicti homines* nannte. Aber in Rom konnte der Schuldner, der außerstande war zu zahlen, leicht einen Aufschub von zwei Jahren, ja sogar bis zu fünf Jahren erhalten; in Frankreich aber konnten nach der Verordnung vom Jahre 1669 nicht einmal die unabhängigen Richter Aufschub oder Frist gewähren, es sei denn auf Grund eines Erlasses des Großschatzmeisters selbst, was man dann *lettres de répit* nannte. Übrigens kam es auch in Rom dazu, daß Gläubiger und Schuldner sich in einer Person vereinigten, so daß eine Konfusion entstand, und die führte von selbst zu einer Amortisation der Schuld, was wiederum mein seliger Onkel so gut mit dem Ausdruck *Schiebung* bezeichnet hat.

Schließlich findet man in der ›Histoire générale des voyages‹ eine ganze Menge sonderbarer Gebräuche über die Art aufgezeichnet, wie man die Schuldner in verschiedenen Ländern behandelt. Man berichtet, daß in Korea der Gläubiger das Recht hat, dem Schuldner, der zum Fälligkeitstermin nicht gezahlt hat, jeden Tag fünfzehn

Stockhiebe auf die Beine zu geben, und daß die Verwandten gehalten sind, die Schulden der ihnen Nahen zu zahlen. In Frankreich liegen die Dinge ganz umgekehrt, denn es ist kein seltener Vorgang, daß die Gläubiger Stockschläge von den Schuldnern bekommen, und daß die Anverwandten die Schulden jener, die ihnen nahestehen, verleugnen und konsequenterweise nicht zahlen.

FÜNFTE LEKTION

Notwendige Eigenschaften

nämlich für den Geldausgebenden, wer immer er auch sei, wenn er kein Geld besitzt, damit er die von meinem Onkel gelehrten Vorschriften mit Nutzen anwenden und auf *diese* Weise seine Gläubiger befriedigen kann.

Physische und moralische Eigenschaften. – Ihre Zahl und ihre Art. – Von der Gesundheit und vom Aplomb. – Reflexionen. – Beispiele, die leicht praktisch angewendet werden können.

Ein geldausgebender Mensch, der kein Geld hat, dafür aber Schulden und Gefühle, und der noch überdies das heftige Bedürfnis empfindet, seine Gläubiger zu befriedigen, muß vor allem von der Natur mit reichen Gaben bedacht sein, da er ja vom Schicksal nicht mit Gütern bedacht worden ist.

Bevor er überhaupt irgend etwas anfängt, wird er sich einer genauen Prüfung seiner eigenen Persönlichkeit in allen ihren Einzelheiten zu unterwerfen haben. Diese Prüfung soll vor allem zwei prinzipielle Punkte klarstellen, nämlich:

Erstens: Die vollkommene Kenntnis seiner eigenen physischen Eigenschaften.

Zweitens: Das gleiche in bezug aufs Moralische.

Diese ungeheuer wichtige Prüfung wird von seiner Seite die strengste Unparteilichkeit erfordern; wenn er nämlich nicht genau acht gibt, könnte die geringste Nachsicht, die er gegen sich selbst übt, zu ganz fürchterlichen

Konsequenzen führen oder, was noch ärger ist, ihn selbst auf den Weg zum Schuldgefängnis von Sainte-Pélagie, wo er dann in Ruhe und Muße seine erste nicht genügende Prüfung wiederholen mag. Ich warne ihn also, er sei nicht zu gütig gegen sich selbst, wenn er sich diese unerläßlichen Diplome ausstellt.

Ich fühle mich also verpflichtet, ihm, was die physischen Eigenschaften betrifft, achtzehn zu nennen und anzumerken, daß er gar nicht großes Gewicht genug auf sie legen kann. Und was die moralischen Eigenschaften betrifft, zwar nur acht, aber die kann er gar nicht genügend perfektionieren, wenn sie schon einmal nicht in genügend hohem Maße von Natur aus in ihm vorhanden sind.

Die physischen Qualitäten sind die folgenden:

Man merke:

Erstens: Eine eiserne Gesundheit. (Das ist eine der wichtigsten. Ich werde darüber später noch ein paar Worte sagen.)

Zweitens: Ein Alter von fünfundzwanzig bis höchstens vierzig Jahren. (Mittelmaß sechsunddreißig Jahre.)

Drittens: Figur: fünf Fuß, sechs bis sieben Zoll.

Viertens: Regelmäßiger Kopf.

Fünftens: Lebendige und scharfe Augen (schwarz oder blau).

Sechstens: Eine feine Nase.

Siebentens: Ein großer Mund, geziert mit zweiunddreißig Zähnen (immer gut in Ordnung gehalten, wohlgemerkt).

Achtens: Kurz geschnittene Haare (schwarz, braun oder blond, aber wenn es irgend geht: schwarz).

Neuntens: Dichter Schnurrbart.

Zehntens: Schultern von achtzehn Zoll Durchmesser.

Elftens: Solide Hüften.

Zwölftens: Lange und kräftige Arme.

Dreizehntens: Eine feste Hand, die gut zugreifen kann. (Die Nägel immer kurz geschnitten.)

Vierzehntens: Kraftstrotzende Schenkel.

Fünfzehntens: Kniekehlen wie die eines Hirsches.

Sechzehntens: Waden von vierzehn Zoll Umfang.

Siebzehntens: Leichte Füße.

Achtzehntens, schließlich und endlich: die Kraft des Herkules.

Ich habe soeben gesagt, daß die Gesundheit eine der notwendigsten physischen Eigenschaften ist. Und das ist auch die Wahrheit. Denn wenn Sie imstande sind, ein Alter von siebzig oder achtzig Jahren zu erreichen, oder das non plus ultra von neunzig Jahren, so kann man fünfundvierzig gegen eins, was ein gutes Minimum ist, wetten, daß Sie vierundvierzig von Ihren fünfundvierzig Gläubigern begraben werden. Nun habe ich als erwiesen angenommen, daß der Tod des Gläubigers das natürlichste Mittel, seine Schulden zu tilgen, ist, und ich folge in dieser Annahme meinem Onkel. Sicher ist eines: wenn eine Schuld auf diese Art beglichen ist, kann der Gläubiger Ihnen nicht mehr böse sein; denn ebenso wie Gott den Tod eines Sünders nicht will, so will auch der Schuldner den Tod des Gläubigers nicht. Wohlgemerkt, auch hier gilt wieder der Grundsatz: je weniger Gläubiger man hat, desto weniger Hilfsmittel stehen einem zu Gebote.

Das sind nun, hoffe ich, gute und solide Eigenschaften, die ich da genannt habe, und zwar möchte ich sie die *privilegierten* Eigenschaften nennen; privilegiert, weil sie ebenso leicht erworben werden können, nämlich durch Übung und durch eine richtig erwogene Diät, wie man sich ihrer wieder entledigen kann. Ich warne also den Finanzminister, eine eigene Steuer auf diese Eigenschaften zu legen. In einem einzigen Worte gesagt: diese Vorzüge sind *wirklicher Besitz* eines Menschen. Und zwar ein Besitz, den man nicht beschlagnahmen kann; niemand, also auch kein Gläubiger. Die Natur allein kann das Einkommen, das sich aus ihnen ergibt, beschränken.

Was nun die moralischen Qualitäten betrifft, so kann man sie fast in dieselbe Kategorie einrangieren. Ich erkläre acht für unumgänglich notwendig. Diese acht lassen sich folgendermaßen klassifizieren:

Erstens: Aplomb. (Das ist die wichtigste von allen, ich werde es später beweisen.)

Zweitens: Eine nie aussetzende Geistesgegenwart.

Drittens: Das Gedächtnis eines *Gläubigers.*

Viertens: Die Kaltblütigkeit unserer alten Grenadiere.

Fünftens: Mut, der jeder Probe gewachsen ist (was ungefähr dasselbe bedeutet, bis auf gewisse Nuancen, wie das sub vier Genannte).

Sechstens: Die Geduld eines Krankenwärters.

Siebentens: Geschicklichkeit ohnegleichen in allen Spielen, allen sportlichen Übungen. Eine im höchsten Grade wichtige Eigenschaft, zu deren Besitz und Erwerb es gut ist, Lektionen bei großen Meistern zu nehmen, um dann selber wieder in der Lage zu sein, solche zu geben, wenn der Notfall eintritt.

Achtens: Ein Bärenhunger. (Diese letzte moralische Eigenschaft ist erst seit sehr kurzer Zeit als eine *»moralische«* anerkannt worden. Schließlich aber lassen die Autoritäten durch Tag für Tag neu erbrachte Beweise keinen Zweifel mehr darüber, daß er wirklich eine moralische Eigenschaft ist, besonders seit eine von ihnen klar wie das Tageslicht erwiesen hat, daß *»die großen Gedanken aus dem Magen kommen«.*)

Ich habe eben gesagt, daß der Aplomb unter den moralischen Qualitäten die wichtigste ist. Er ist schon mehr wie *eine* Eigenschaft, zehn, zwanzig, hundert, tausend, ja mehr; er ist sogar eine Tugend. Mit Aplomb allein kann man leicht die sechs andern aufgezählten Eigenschaften ersetzen. – Denn, weiß Gott, was ist denn Geistesgegenwart? Aplomb der Gedanken. Was ist Gedächtnis? Aplomb der Erinnerungen. Was ist Kaltblütigkeit? Aplomb der Gefahr gegenüber. Was ist Mut? Aplomb beim Handeln. Was ist Geduld? Aplomb in den Gelüsten. Was ist Geschicklichkeit? Wiederum eine Abart Aplomb, nämlich der Gebärden und Bewegungen. Nur die achte moralische Eigenschaft läßt sich nicht durch Aplomb ersetzen, nämlich der Hunger. In der Tat: Mit leerem Magen kann man nichts von allen großen Dingen der Welt unternehmen oder gar vollbringen.

Der Aplomb besteht vor allem darin, alles, was einem Vernunftgrund oder einer Frage ähnlich sieht, *ohne* Antwort zu lassen. Das Offensichtliche leugnen, das Unmögliche bekräftigen, kurz, auf alle Tatsachen und auf alles, was den Charakter eines Beweises hat, ein robustes und lakonisches Dementi erteilen. *»Nein«, »Doch«, »Es ist so«, »Es ist nicht so«, »Es ist unmöglich«, »Es ist möglich«,* das ist das sehr kurze und doch genügende Wörterbuch der Sprache eines Mannes, der wirklich Aplomb hat.

Beispiele:

Ein Gläubiger Nummer eins kommt und will behaupten, daß Sie nicht einen Sou besitzen, um ihn zu bezahlen. Erschöpfen Sie Ihre Lunge nicht, indem Sie ihm das Gegenteil zu beweisen suchen. Sagen Sie ganz einfach: »Möglich...« Ihr Mann bleibt stumm stehen ... Er ist zufrieden.

Ein Gläubiger Nummer zwei, dem Sie versprochen haben, eine Summe von so und so viel zurückzugeben, die er Ihnen geliehen hat, wagt es, Ihnen zu sagen, daß Sie Ihr Wort gebrochen haben. Fangen Sie nur ja nicht an, ihm zu erzählen, warum Sie gerade jetzt in Verlegenheit sind. Antworten Sie ganz kurz: »Kann sein...« Er zögert nicht mehr ... Also ist er befriedigt.

Gläubiger Nummer drei (der Besitzer Ihres Hauses zum Beispiel) macht Ihnen einen Besuch, er benützt die Gelegenheit, um Ihnen die Mietsquittung vorzulegen. Sehen Sie ihn mit einer gewissen unbestimmten Art an und sagen Sie nur: »Unmöglich!« Er beweist Ihnen das Gegenteil, seine Tabaksbüchse und den Kalender in der Hand. Ein Mann ohne Aplomb würde sich mit ihm über die Höhe der Miete oder über Fristen herumstreiten. Ein Mann, der Aplomb hat, sagt kurz und kühn: »Aber nein!...« Wenn der Besitzer schlecht erzogen ist, wird er böse und droht, Ihnen die Möbel verkaufen zu lassen. Sie antworten ihm: »Ich glaube doch nicht, daß Sie das tun werden!« ... Er wird ärgerlich und nimmt ein Inventar auf; aber die Möbel sind nicht auf Ihren Namen eingetragen, er wird es erfahren, er wird wiederum ärgerlich, und dieses Mal haben Sie doppelt recht, wenn Sie ihm antworten: »Unmöglich...« Er weiß nun nichts mehr zu sagen und geht fort.

Aber die Frage, ob er in diesem Fall befriedigt ist oder nicht, ist noch unentschieden. Das hängt ganz vom Temperament des Hausbesitzers ab.

Kurz und gut, mit Aplomb beherrschen Sie das Vertrauen, gelten Sie für einen tatkräftigen und klugen jungen Mann. Immerhin, Sie dürfen nicht glauben, daß diese Eigenschaft, so wundervoll sie auch ist, es verhindern könnte, daß Sie eines Tages die Wanderung nach dem Gefängnis von Sainte-Pélagie einschlagen. Denn wenn der Aplomb auch dem Schuldner gestattet ist, er ist dem Gläubiger nicht verboten. Ist Ihre Wohnung also in der Rue de la Clef, so entspricht es wiederum Ihrer Würde und Ihrer Lebenspolitik, dem Manne, der Ihnen das Gitterfenster und das wohlbewahrte Schlüsselloch Ihrer bescheidenen Zelle zeigt, nur zu antworten: »Ja, so was kann vorkommen! ...«

Das sind also die achtzehn physischen und die acht moralischen Qualitäten, alles zusammen sechsundzwanzig Qualitäten, die unbedingt notwendig sind, um Ihre Gläubiger zu befriedigen, ohne ihnen einen Heller zu geben. Wenn Sie nicht alle diese sechsundzwanzig vollzählig und vollkommen besitzen, dann hätten Sie unrecht, das Finanzsystem, das hier auseinandergesetzt wird, zu befolgen. Sie werden dann besser daran tun, weder Schulden noch Gläubiger zu haben.

SECHSTE LEKTION

Allgemeines

Eine unbestreitbare Weisheit. – Die Wahl des Stadtviertels, das man bewohnt. – Von der Wohnung überhaupt. – Von den Portiers. – Vom Hausbesitzer. – Vom Mobiliar. – Kenntnisse, die man in der Physik haben muß. – Über Domestiken. – Über eine Aufwärterin. – Zu befolgende Ratschläge.

Wer kein Geld hat, ist doch sicherlich gezwungen, auf Kredit zu leben. Wenn er keinen hat, soll er sich ihn schaffen. Wenn er ihn sich einmal geschaffen hat, wird er viel mehr haben, als er braucht, um seine gewohnten Ausgaben zu decken.

Das ist nun eine Idee, die ohne Zweifel eine große Zahl von meinen Lesern erstaunen wird, die nämlich, die schon tief in Schulden stecken oder denen man seit langer Zeit viel schuldig ist. Aber es ist nicht meine Schuld, wenn Sie nichts von dem Amt der Geldverdienenden und der Geldausgebenden, der Schaffenden und der Verzehrenden verstehen.

Um mit Vollkommenheit das Ziel zu erreichen, das mein Onkel gesteckt hat, muß man nach seiner Lehre »Ordnung in seinen Angelegenheiten halten«. Was ist denn dieses: »Ordnunghalten«? Das heißt, es verstehen, zu wohnen, sich zu nähren, sich zu kleiden, sich zu zerstreuen, mit einem Wort, seinen Lebensunterhalt zu bestreiten, ohne peinliche Schulden zu haben, aber auch, ohne einen Sou auszugeben. Unter diesen Dingen gibt es nun mehr oder weniger wichtige, mehr oder weniger unumgänglich nötige. Wenn wir nach dem Rang der Notwendigkeit gehen, so müssen wir bei der ersten Sache beginnen, und das ist nun die *Wohnung*.

Die Wahl des Viertels der Residenz, das Sie als Ihr Domizil wählen, ist beileibe nicht eine Sache von geringer Wichtigkeit. Sie müssen so wählen, daß schon die Situation allein eine Distanz von mindestens zwei Meilen zwischen Sie und Ihre Gläubiger legt. Oder, weil ja Ihre Gläubiger möglicherweise auf alle zwölf Arrondissements von Paris verstreut sein können, werden Sie gut daran tun, wenn möglich, extra muros zu wohnen, vielleicht jenseits des Stadtgrabens, und Sie werden dann wiederum eine Örtlichkeit wählen, die jenem Viertel nahe ist, wo Sie die wenigsten Gläubiger haben. Sie müssen nun Bekanntschaft mit dem Portier machen, dessen Aufgabe es ist, das Haus zu bewachen, das Sie bewohnen wollen, und zwar, *bevor* Sie die Wohnung gemietet haben. Nur wenige »Verzehrer« können sich eine präzise Idee von der enormen Bedeutung machen, die die Portiers in ihrer Existenz haben. Sie können uns ja schaden und uns nützen, je nach ihrer Laune und nach dem Grade der Talente, die ihnen gegeben sind, und zwar auf acht verschiedene Arten. Nämlich:

Erstens: Sagen, daß wir zu Hause sind, wenn wir es nicht sind.

Zweitens: Sagen, daß wir nicht zu Hause sind, wenn wir's sind, was manchmal noch schlimmer ist.

Drittens: Briefe oder Pakete, die man uns schickt, zurückweisen.

Viertens: Zahlungsbefehle oder andere Korrespondenzen derselben erfreulichen Art annehmen, wenn es besser wäre, sie nicht bekommen zu haben.

Fünftens: Unser ganzes Leben inspizieren und daraus Folgerungen ziehen.

Sechstens: Ein wichtiges Geschäft zum Scheitern bringen einzig und allein durch die Art, wie sie antworten, wenn man zu Ihnen kommt, und das Kapitel »Auskünfte« in Erscheinung tritt.

Siebentens: In der Früh nicht aufstehen wollen, um das Tor zu öffnen, wenn unsere Geschäfte oder der Zustand unserer Gesundheit uns zwingt, fünf Minuten vor Tagesanbruch frische Luft zu nehmen.

Achtens und schließlich: uns abends nicht zu öffnen (wenn man ein wenig zu spät nach Hause kommt), obwohl man schon zehnmal geklopft hat, und obwohl er Sie ganz gut gehört hat; was dann eine Folge von unberechenbaren Unannehmlichkeiten mit sich bringen mag.

Wahrlich, prüfen wir nur nach, was für eine Menge von Widersinn sich ein Portier Tag um Tag zuschulden kommen läßt. Seien Sie immerzu in Gesellschaft ein lebendiges Modell des Apollon von Belvedere, für die Portiers sind Sie ein neuer Äsop. Wenn der Name irgendeines anderen Hausbewohners ungefähr so endigt wie der Ihre, so schickt er ihm das Geld, das Sie sich ausgeliehen haben und das man bei ihm für Sie deponiert hat. Er schickt ihm den Liebesbrief, der Ihnen zugedacht ist, und der Nachbar geht an Ihrer Stelle zum Rendezvous. Kommt ein Gläubiger, so wird er sich wohl hüten, zu sagen, daß Sie eben ausgegangen sind. Ihre Geliebte hat eben einen Augenblick weglaufen können, um Sie zu besuchen, ja da gibt der Portier vor, daß Sie seit dem Abend vorher noch gar nicht nach Hause gekommen sind. Kurz, schon das einfache

Nein statt eines Ja oder umgekehrt, und Sie sind ein verlorener Mensch.

Trachten Sie also, dem Portier zu gefallen, noch bevor Sie dem Hausbesitzer Ihren ersten Besuch gemacht haben. Trachten Sie vor allem, aus ihm einen Freund zu machen und sich gut mit seiner Frau zu stellen, wenn er eine hat, die weder zu alt noch zu schmutzig, weder zu schwatzhaft noch zu neugierig ist, was alles, ich gestehe es, selten genug vorkommt.

Mein Onkel, der an alle Möglichkeiten gedacht hat, rät, wenn irgend möglich, eine Wohnung in einem Hause zu nehmen, in dem es gar keinen Portier gibt. Dieser Umstand bietet große Vorteile. Aber er hat auch seine Nachteile. Es ist nun Ihre Sache, mit großer Aufmerksamkeit zu überlegen, wie Ihre Position im Leben ist, und zu sehen, welche von beiden Möglichkeiten Ihnen die größere Menge von Vorteilen bieten kann.

Was nun die Wahl der Wohnung selbst betrifft, so ist das wieder eine um nichts weniger wesentliche Frage. Nehmen Sie nie eine andere Wohnung als über dem vierten Stock, das Entresol nicht gerechnet, und immer nach vorne; von dort aus können Sie, am Fenster stehend, Ihre Umgebung mit den Blicken beherrschen. Ein Gläubiger hat zum Beispiel den Entschluß gefaßt, sich auf den Weg zu Ihrer Wohnung zu machen. Seine Erscheinung wird Ihnen auf die Distanz einer Viertelmeile sichtbar wie ein Punkt auf dem Horizont. Schon wissen Sie, mit wem Sie es zu tun haben, bald wird der Punkt größer, je mehr er eben näher kommt, Sie haben ihn erkannt und noch haben Sie fünf Minuten, um zu entscheiden, auf welche Weise Sie sich zu ihm verhalten sollen. Ein gutes Fernglas, ein weiter Blick werden in diesem Falle ein Möbelstück von allerernstester Wichtigkeit, weil Sie dadurch Zeit gewinnen, zehn Minuten, die Sie zu anstrengendem und nützlichem Nachdenken verwenden können.

Mein Onkel gesteht ein, daß er nur ein einziges Mal in die Lage gekommen sei, in die Haft nach Sainte-Pélagie gebracht zu werden. (Auch das war nur als Bürge eines andern.) Dieses eine Mal aber, weil er den fatalen Fehler, die Unklugheit sich hatte zuschulden kommen lassen, eine Wohnung im ersten Stock nach rückwärts in einem Hause des Viertels um das Palais Royal herum zu nehmen. Er fügt sehr gerechterweise hinzu, daß ein und eine halbe Meile Weg und hundertachtunddreißig Stufen zu steigen die Kräfte und die böse Laune eines Gläubigers auf eine ganz wundervolle Weise zu schwächen imstande sind.

In der Tat, ein Gläubiger, der an Ihre Tür erschöpft, am Ende seiner Kräfte kommt, verlangt nicht mehr Geld von Ihnen. Was er will, ist ein Stuhl und ein Glas Wasser. Man weiß, daß das eine wie das andere recht leicht, selbst sogleich zu haben ist.

Was nun die Wohnungs*einrichtung* betrifft, so ist es ein allgemein verbreiteter Irrtum unter den meisten genießenden, verzehrenden Menschen, daß sie eine prunkvolle Umgebung haben müssen, um dadurch den Schaffenden zu imponieren, Vertrauen einzuflößen. Diese Idee mag gut gewesen sein zur Zeit Karl Martells oder Pippins des Kurzen, wo eine Bank, auf der man sich niedersetzen konnte, als ein Meisterwerk der Industrie galt; aber jetzt, wo man Betten macht, auf denen man stehend, ohne sich überhaupt hinzulegen, schlafen kann, imponiert alles das nicht mehr. Derlei Luxus ist nur noch ein Wunder für Kinder.

Ihr Mobiliar soll also nur aus wenigen Dingen bestehen, aber diese Dinge sollen *originell* sein, um die Aufmerksamkeit jener zu fesseln, die da kommen, es genau zu betrachten, während sie nämlich warten.

Möblieren Sie sich mit Hilfe der Industrie. Beleuchten Sie Ihre Wohnung mit Gas und verteidigen Sie sich vor der Ankunft des Feindes durch die Kräfte der Physik.

Mein Onkel hat diesen Versuch mit glänzendem Glück seinen Gläubigern gegenüber in Wirklichkeit übersetzt.

Er besaß eine Elektrisiermaschine von stattlichen Dimensionen und sah immer darauf, daß sie reichlich mit dem gewissen mysteriösen Fluidum geladen war. Er hatte sie in Verbindung mit dem Schloß seiner Tür gesetzt, und zwar durch einen Leitungsdraht, und der bloße Anblick dieses Leitungsdrahtes, der in Verbindung mit seiner Tür stand, verschaffte ihm ein Gefühl von Sicherheit, das fast ohne Grenzen war. Denn sowie ein ungeduldiger Gläubiger kam und seine Hand auf das Schloß legte, um bei ihm einzudringen, erhielt er einen heftigen Schlag, der ihn konfusen Erregungen und Vorstellungen von Zauberei auslieferte, so daß es selten war, daß ein Gläubiger, so tapfer und so eigensinnig er auch sein mochte, sich ein zweites Mal bemühte, solche Lektionen in experimenteller Physik zu bekommen, obwohl mein Onkel ihm natürlich aufs klarste die Wirkungen, die aus den Ursachen hervorgehen, und die Ursachen, die diese Wirkungen hervorbringen, also seine Physik, erklärt hatte.

Was nun die Wahl eines Domestiken betrifft, so ist das eine so delikate Angelegenheit, wenn man sich nämlich in einer Lage betrifft, die immerhin jener ähnlich ist, von der ich wünsche, daß Sie sich in ihr befinden, daß ich, damit Sie Ihren Zweck erreichen, dann doch die Ansicht aussprechen muß: Es ist weit besser, sein eigener Dienstbote zu sein. Ich würde Ihnen deshalb auch nicht raten, eine Aufwartefrau zu nehmen. Die Hausmeisterin würde Sie dann mit einem scheelen Blick ansehen, und man weiß, was der scheele Blick einer unzufriedenen Hausmeisterin bedeutet; Sie würden also bald genug die Nebenwirkungen ihrer bösen Laune verspüren. Sind Sie aber nicht imstande, sich in bezug auf alle jene Kleinigkeiten der Wirtschaftsführung, denen ein Genußmensch von Übung sein Wohlbehagen verdankt, Beschränkung aufzuerlegen, dann klopfen Sie zweimal mit einem Stein, und auf diesen Ruf erscheint als von Ihnen erwählte Bedienerin Ihre Hausbesorgerin oder deren Tochter, wenn sie jung und geschickt ist. Deren Vater und Mutter werden bald genug wieder ihrerseits das Gegengefühl zu Ihrer Noblesse und Ihrer Liebenswürdigkeit gegen ihre Tochter empfinden, und in ihr selbst werden Sie gewissermaßen einen offiziösen Verteidiger, einen mächtigen Bundesgenossen finden, um die Invasionen des Stammes der *Gläubiger* zurückzuweisen.

SIEBENTE LEKTION

Lebensführung

Ansicht meines Onkels. – Ein Fall, den man immer voraussehen muß. – Unveränderlicher Leitsatz. – Lieferanten der verschiedensten Art, denen man den Vorzug geben muß. – Schlecht begründete Befürchtungen. – Verwendung des Tages eines Genußmenschen, der sein Leben sich einzuteilen vermag. – Unendlich große Gelegenheitsvorteile. – Resultate.

Ich habe meinen Onkel oft sagen hören, man solle sich sehr hüten, am Abend alles Geld auszugeben, das man vielleicht gerade besitzt, so sicher man auch sein mag, am nächsten Tage anderes zu bekommen. Weil es fast immer als Wirkung unberechenbarer und vom Willen des Genußmenschen unabhängiger Ursachen, aus Gründen, die man nicht voraussehen kann, eintrifft, daß diese Geldeingänge entweder verschoben werden oder überhaupt nicht kommen. Und weiß Gott, niemand weiß besser als ich, wie sehr mein Onkel recht hatte.

Setzen wir also gleich voraus, daß dieser Fall eintritt, und überlegen wir, welche Hilfsmittel man dann anwenden kann. Sie basieren alle auf einem einzigen Grundsatz, den Sie niemals, in keinem Fall und unter keinem Vorwande, außer acht lassen dürfen. Folgender ist dieser große Leitsatz: Sie müssen immer bei den reichsten Lieferanten einkaufen. Erstens, weil die alles von der besten Qualität haben. Zweitens, weil Sie das Prinzip, das ich schon so oft hier wiederholt habe, in Wirklichkeit umsetzen müssen, daß nämlich diese Individuen zuviel haben und Sie nicht genug, und daß Sie ihnen also wirklich einen Dienst leisten – und sich selbst natürlich auch –, wenn Sie so wieder das Gleichgewicht herzustellen suchen. (Niemand mehr als Sie ist übrigens an der Herstellung eines solchen Gleichgewichtes interessiert.) Drittens, weil die Leere, die durch Ihr Tun in den Magazinen jener entsteht, fast immer unbemerkt bleibt, und überdies diese Leere bald genug wieder gutgemacht wird durch die zahlende Klientel, die Ihre Kundschaft diesem Lieferanten einbringt. Folgen: Sie werden nur einen Hausbesitzer wählen, der im Überflusse lebt und nicht schon ängstlich auf Ihre hundert Ecus wartet, um seine Steuerschulden zu zahlen. Jeder Mieter weiß, daß es in sämtlichen Vierteln von Paris reiche Grundbesitzer gibt; das wird Ihnen also sehr leicht sein.

Ebenso werden Sie Ihr Dejeuner im Palais Royal einnehmen und Ihr Diner auf dem Boulevard des Italiens. Sie könnten vielleicht der Meinung sein, daß man in diesen Häusern bar zahlen muß. Nein, durchaus nicht! Die Prosperität dieser Häuser wird vor allem der Menge von Gästen, die *nicht* zahlen, verdankt. Denn diese verstehen es, die Gerichte auszuwählen. Diese verstehen es, jenen Appetit zu machen, die nicht wissen, wie man ein Diner anschafft, aber dafür wissen, wie man es bezahlt. Bei den Restaurateuren zu einundzwanzig und zweiunddreißig Sous das Kuvert gibt man keinen Kredit, das weiß alle Welt. Aber in den großen Etablissements, von denen ich Ihnen spreche, hat man schon herausgefunden, was ein Genußmensch, der ein Diner von zwanzig Franken *nicht* zahlen kann, einbringt. Gut dreißig Franken auf zehn Franken, die er nicht zahlt, bringt er durch den gewissen Umweg über den »produktiven« Menschen wieder ein.

Ich kenne große Restaurateure, die gerne bereit wären, *Ihnen* noch etwas zu zahlen, damit Sie den ganzen Tag über an einem Tische sitzen, die Kellner rufen – natürlich immer bei ihren Vornamen, damit man sieht, daß Sie ein Habitué sind –, Champagner verlangen, Ihren Wein brausen lassen und dazu auch ihre Reputation. Ihre Gestalt belebt den trägen oder allzu kärglichen Appetit der Passanten, die Sie durch die Spiegelscheiben sehen, und sie sind plötzlich von einem rasenden Hunger erfaßt.

Was nun Sie selbst anbetrifft – nachdem Sie alles zu sich genommen haben, was man irgend möglicherweise nehmen kann, so stehen Sie auf und führen nachlässig Ihre Hand an den vergoldeten Knopf Ihres Anzuges, wie um Ihre Börse in der Westentasche zu suchen. Sie ziehen einen Zahnstocher heraus, und sofort macht Ihnen der Wirt ein Zeichen mit dem Kopf, das voll Respekt ist und gleichzeitig auch voll Dankbarkeit, um Ihnen eine Mühe, nämlich die des Bezahlens, zu ersparen, das er fast wie einen Affront von Ihrer Seite empfinden würde. Sie richten dann beim Vorübergehen einen kleinen Gruß und ein Augenzwinkern an die Dame, die an der Kasse sitzt. Die Grazie, mit der sie Ihnen Ihren Gruß wiedergibt, zeigt zur Genüge, daß sie das Empfinden hat: Das Haus wird zur Genüge durch den exzellenten Appetit bezahlt, von dem Sie eben ein Beispiel gegeben haben, das nun allerdings wieder ebensogut nachgeahmt werden muß. Ohne Scherz, es ist eine Tatsache, daß die ersten Restaurants der Hauptstadt Tag für Tag ein halbes Dutzend von Gästen dieser Qualität als Grundstock haben.

Sie werden sich auch nicht anderswo Ihre Kleider bestellen als bei Bardes, weil dieser brave Mann, der auf ein einziges Wort des Kriegsministers die ganze französische Armee in vierundzwanzig Stunden bekleiden könnte, sehr gut Ihnen einen vollständigen Anzug, vier Westen und zwei Hosen liefern kann, ohne daß Sie Ihre eigenen an Zahlungs Statt geben müßten. Merken Sie sich auch gut: wenn er zufälligerweise vielleicht zu Ihnen kommt, so geschieht das nur, um Sie zu fragen, ob er Ihnen nicht vielleicht eine Pelerine oder einen Mantel – gegen die gleiche Bezahlung natürlich – anfertigen soll.

Sie werden sich Ihre Schuhe bei Sakoski machen lassen. Er chaussiert alle Fashionables und den Finanzminister. Urteilen Sie also selbst, ob er zögern wird, Ihnen Maß zu nehmen und Ihnen in seinem recht stattlich großen Hauptbuch ein Konto zu eröffnen. Was nun Ihre Wäsche anlangt, so kaufen Sie bei der Hoflingerie; niemand kennt besser als dieses Etablissement die Vorteile des Kreditwesens. Und wenn man auf Kredit kauft, soll es auf ein Stück mehr oder weniger schon wahrhaftig nicht ankommen. Übrigens verlieren Sie dort sich sowieso in der großen Masse der Kunden gleicher Art.

Das sind nun die Lieferanten, die Sie aussuchen müssen; weil sie die einzigen sind, die Sie bezahlen können, ohne einen Sou aus der Tasche zu nehmen. Immer vorausgesetzt, daß schöne Worte für sie den gleichen Wert haben wie bares Geld.

Sie dürfen nicht glauben, daß ein Geldverzehrer von der Art, wie ich ihn schildere, gezwungen sei, um die Schulden zu bezahlen, die ihm seine täglichen Genüsse einbringen, sich traurig mit dem Metier irgendeiner Manufaktur abzugeben oder Tag für Tag Waren in den Häfen von Saint-Paul oder Saint-Nicolas aufzuladen. Er wird auch nicht in der Hitze eines Julitages umhergehen, um seine Ernte einzuheimsen, oder an einem bitterkalten Wintertage ausziehen, um zu säen. Er wird sich den Kopf nicht zerbrechen, um die verschiedenen Produkte zu verbessern, die uns in der Regel gehörntes Vieh, manchmal aber auch ungehörntes – wie das in Frankreich und anderswo eben ist –, schenkt.

Er wird seinen Tag nicht damit verbringen, durch die Produktion eines Schals oder eines ökonomischen Herdes oder eines Rasiermessers »auf Probe« unsere Industrie zu bereichern, er wird auch seinen Tag nicht damit verbringen, auf einer Leinwand, der seine Hand, wie man sagt, Leben einflößt, die Züge irgendeines Verteidigers unserer Freiheit zu verewigen, nach der Natur aufgenommen entweder in dem Wäldchen von Meudon oder von Montmorency; er wird auch seinen Abend nicht daran geben, mit seiner Geige, seinem Baß oder seiner Flöte oder seinem Horn die Künstler unserer königlichen Theater zu begleiten, die falsch singen oder nicht im rechten Schritt tanzen. Endlich wird er auch nicht drei Viertel seines Lebens in der Rue de Rivoli damit verbringen, lange Rechnungen zusammenzuaddieren. Er wird gar nichts von alledem tun; aber weil er nicht säen wird, nicht fabrizieren wird, nicht malen wird, keine Musik machen wird und nicht rechnen wird – wahrhaftig, es wäre doch ein Irrtum, zu glauben, daß er keine Arbeit tun wird, daß er nichts produzieren wird, daß er nichts konsumieren wird, daß er nicht bezahlen wird. Alles das tut er; allerdings auf die Art meines Herrn Onkels.

Darum mögen nun hier noch jene Mitteilungen folgen, die das geben, was alle jene Genießer ersehnen, für die das Werk meines Onkels zusammengestellt ist, nämlich: eine Schilderung der Lebensführung, die seine Zöglinge einhalten und befolgen sollen, und auch eine Aufstellung der »allgemeinen Güter«, die sie auf seine Methode erzeugen:

Erstens: Der Genußmensch, wer immer er auch sei, steht nicht vor zehn Uhr auf. Durch diese glückliche Art von Indolenz wird er schon die Ansammlung aller der Kommis, der Wäscherinnen, der Kommissionäre, der Wagen, der Müßiggänger vermindern, die sich Tag für Tag und jeden Morgen bemühen, die belebtesten Straßen zu überfüllen und infolgedessen zu beschmutzen. Das ist nun schon das erste Gute, was er tut.

Zweitens: Er wird dann allen seinen Gläubigern ohne Unterschied von zehn bis elf Uhr Audienz geben, ihnen zuhören und die Rezepte, die hier in diesem Handbuch gegeben sind, praktisch ausführen. Während dieser Zeit sind also die Gläubiger, die sein Vorzimmer bevölkern, weil sie warten, bis er aufgestanden ist, nicht imstande, bei andern Genußmenschen, anders gesagt Schuldnern, zu sein; dieser Vorteil fällt nun wieder der Allgemeinheit anheim. Zweiter Vorteil.

Drittens: Er wird von elf Uhr bis Mittag alle seine Lieferanten empfangen. Er behält das, was die einen mitgebracht haben, bei sich, bestellt irgend etwas Neues bei denen, die nichts mitgebracht haben. Auf diese Weise hält er sie immer in Erregung, vergrößert seinen Kredit, steigert den Umsatz. Dritter Vorteil.

Viertens: Er wird sich von zwölf bis ein Uhr ankleiden. Wohlgemerkt, er wird seine Krawatte zu binden »verstehen« mit Hilfe der Theorie, die ich über diesen wichtigen Bestandteil unserer Kleidung anderwärts auseinandergesetzt habe. So nützt er dem Buchhändler, bei dem sie erschienen ist, und gleichzeitig auch der Produktion und dem Umsatz der »Musseline«, der »Jakonnetts«, der Perkale und der Batiste, die unsere Manufakturen herstellen. Vierter Vorteil.

Fünftens: Um zwei Uhr wird er in Perrons Café frühstücken gehen, wo er wiederum den allgemeinen Umsatz steigern wird durch die Delikatesse, mit der er nach der Karte die Gerichte wählt. Er wird die »Œufs en coquille« oder die »Omelette à l'oseille« in Mode bringen und wird sie dann mit einer Grazie essen, die alle jene anstecken wird, die auch Lust haben, so etwas zu essen, aber die Speisen nicht auseinander kennen.

Nach seinem System wird er das Dejeuner nicht bezahlen. Aber er wird es dahin bringen, daß zwanzig andere Dejeuners von Leuten genommen und bezahlt werden, die sonst nur eine Tasse Kaffee oder ein Butterbrot zu sich nehmen und die sich zu diesem Gabelfrühstück durch sein Beispiel gezwungen fühlen. Der Wirt des Cafés wird sehr zufrieden sein, weil ihm zwanzig Dejeuners gezahlt werden, also sehr befriedigt über den Gast, der ihm sein eigenes auf diese Weise, wenn auch ohne Bargeld, bezahlt hat. Fünfter Nutzen.

Sechstens: Er wird dann in die Tuileriengärten gehen, um lässig die Stunde des Diners abzuwarten. Die zwei oder drei Stühle, die er benützen wird, ohne dafür zu zahlen, um sich von seiner Tätigkeit auszuruhen, werden dennoch sehr fruchtbar für die Vermieterin wirken. Denn durch die Art, *wie* er auf ihnen sitzt, wird er die Spaziergänger zur Ruhe einladen. In wenigen Augenblicken werden alle Stühle besetzt und bezahlt sein, die Vermieterin macht Geschäfte und weiß ihm Dank. Sechster Vorteil.

Siebentens: Eine mehr oder weniger anrüchige Schönheit geht vorbei, schmachtet in einer der Alleen nach einem Diner, kommt an ihm vorbei, und er gerät in sichtbare Entzückung über ihre Taille, über ihren Gang, über ihr ganzes »Genre«, das er »gut« findet. Ein Engländer, der von so was keine Ahnung hat, macht sofort dieselbe Beobachtung, er steht auf, geht zu ihr hin und bietet ihr Arm, Diner und Börse an, die angenommen werden. Er hat den Engländer in unseren französischen Handel eingeführt. Siebenter Vorteil.

Achtens: Um sechs Uhr wird er einige Freunde, deren Namen er nicht genau weiß, mitnehmen, um bei dem Restaurateur, bei dem er gewöhnlich speist, zu dinieren. Er bringt ihn *en vogue* durch ein paar Worte: »Kellner, grüne Austern, Tisane von frappiertem Champagner, getrüffelte Rebhühner...« Er wird für vier essen, für sechs trinken, und das wird zwei Stunden dauern. Seine gute Verdauung wird wahrhaftig ein fruchtbares Resultat haben, nachdem nämlich die Freunde ihre Rechnung bezahlt haben werden. Der Restaurateur aber wird entzückt sein und den Entschluß gefaßt haben, einem so köstlichen Gaste niemals auch nur einen Sou abzuverlangen. Die Austern, die er verzehrt hat, bringen es mit sich, daß ihre Schalen, ausgestellt, am nächsten Tage reiche Kundschaft anlocken. Die Weinhändler von Reims, Epernay werden den Bestellungen nach Tisane, die aus allen Teilen der Welt kommen, nicht mehr nachkommen können. Die Bevölkerung von Périgord, so schon zur Genüge beschäftigt mit der Suche nach Trüffeln, wird ihre Aktivität verdoppeln, das Land wird blühen wie sonst nur in den Wahlzeiten, der Markt von Poissy wird besser besetzt sein, alles steigt im Werte. Achter Vorteil.

Wie viele Vorteile also durch einen einzigen! Und das alles, weil die Operation vollbracht wurde durch ein Individuum, das von Grund aus die Theorien meines Onkels studiert hat und sie praktisch vollkommen befolgen kann.

ACHTE LEKTION

Von der Leibespfändung

Moralische und philosophische Reflexionen. – »Es pocht dreimal« und »Es brennt!« – Sainte-Foix und mein Onkel. – Geschichte der Leibespfändung von ihrem Anfang bis auf unsere Tage. – Tatbestände, auf Grund deren zur Leibespfändung geschritten werden kann. – Anekdoten. – Ein Fingerzeig.

Die Gefangensetzung wegen Schulden ist nach der Meinung meines Onkels eine notwendige Folge der fortschreitenden Zivilisation. In Frankreich hatte unter der Herrschaft der ersten beiden Rassen, ja noch zu Beginn der Herrschaft der dritten, der Gläubiger nur das Recht auf das unbewegliche Gut seines Schuldners. Der Präsident Hénault zitiert als Beweis dafür Bouchard le Barbu de Montmorency, der auf den Mönch von Saint-Denis auf seiner Insel Saint-Denis so Jagd machte, wie man sonst auf Hirsche oder anderes Wildbret Jagd macht. Dieser ehrenwerte Genußmensch schuldete nämlich Adam, dem Abt von Saint-Denis, eine stattliche Summe: »Man, sagt Abbé Suger, nahm ihn nicht fest, weil das damals noch nicht so üblich war; aber auf Gebot des guten Königs Robert fing man an, sein Gebiet zu plündern, bis er bezahlte.«

In diesen barbarischen Zeiten gab das Gesetz den Mann, der Schulden machte, ohne sie zahlen zu können, der Lächerlichkeit anheim. Weiß Gott, die Dinge haben sich seitdem geändert. Die Hingabe aller seiner Güter, zu der früher ein Schuldner, der nicht zahlen konnte, gezwungen war, war nämlich mit einer ganz sonderbaren Zeremonie verbunden. Der Schuldner, ob es nun ein Edelmann war oder ein Krämer, war gezwungen, dreimal mit seinem Hintern (Nudis clunidus) auf die Erde zu klopfen und dabei auszurufen: »Ich gebe all mein Gut her.«

Sainte-Foix behauptet, daß man in Padua noch so einen »Stein des *Anstoßes*« (Lapis vituperii) sehen kann, auf dem diese Art von Strafe vorgenommen wurde. Ich bin gar nicht weit davon entfernt, zu glauben, daß das der Ursprung jener Art von Strafe ist, die man bei den gewissen »kleinen unschuldigen Spielen« jenem auferlegt, der nicht anders für das verfallene Pfand, wie man sich ausdrückt, zahlen kann. Ich weiß nicht, ob man auf die einzige Autorität des Autors der ›Essays sur Paris‹ hin als bewiesen annehmen muß, daß vor der Regierung Ludwigs des Jungen man dadurch davon freikommen konnte, seine Schulden zu zahlen, daß man sich mit seinen Gläubigern schlug. In diesem Falle wäre es eben geschehen, daß Sainte-Foix seine eigene Lebensgeschichte ein bißchen in Konfusion gebracht hat mit den Berichten über die Sitten unserer Vorfahren. Da er auf der einen Seite recht schlecht zahlte, auf der andern Seite sich recht oft schlug, lag es in seinem Interesse, den Glauben zu erwecken, daß man das eine statt des andern tun konnte. Wie immer, er war der intimste Freund meines Onkels.

Ich kehre nun zu meinem Thema zurück, und ich will es mit allem Ernste, dessen es würdig ist, behandeln. Man nennt »contrainte par corps« (Leibespfändung) jenen Vorgang, der sich auf Grund eines rechtsgültig unterzeichneten und registrierten, von einem irgendwie kompetenten Tribunal ausgehenden Aktes vollzieht, der ausgegeben wird auf Grund eines Urteils, eines Zahlungsbefehles oder eines andern ähnlichen Schriftstückes, und der dem Gläubiger erlaubt, seinen Zivilschuldner einkerkern zu lassen, sei es, damit der Gläubiger sein Recht auf diese Weise dem Schuldner gegenüber finden kann, sei es einfach, um ihn ins Gefängnis zu bringen, was dann eben konsequentermaßen mit der Person des Schuldners geschieht nach den Worten: Potestas cogendi alicuius ad faciendum aliquid per sententiam iudiciis data.

Es war bei den Ägyptern nicht gestattet, eine derartige Leibespfändung vorzunehmen. Boceoris hat darüber ein Gesetz verfaßt, das Sesostris erneuert hat. Die Griechen aber, sich in Gegensatz dazu stellend, erlaubten zuerst die Verpflichtung durch »Leibespfändung«; das ist der Grund, weshalb Diodorus sagt, daß sie zu tadeln sind, weil sie zwar verboten, daß man die Waffen und die Rüstung des Mannes als Pfand nehme, auf der andern Seite aber erlaubten, daß man den Mann selbst festnehme. In der Tat hat auch Solon in Athen dann anbefohlen, daß man nicht mehr mit seinem Leib für Schulden haften müsse, ein Gesetz, das er aus dem ägyptischen ableitete. Die Leibespfändung durfte bei den Römern nur gegen jene Leute vorgenommen werden, die sich ihr ausdrücklich unterworfen hatten oder wegen betrügerischer Handlungen oder Raub verurteilt waren. Aber wenn der Schuldner sein Gut zedierte, dann konnte man ihn nicht mehr einsperren, ebensowenig konnte man auch die Frauen wegen »bürgerlicher Schulden«, wie man das nennt, verhaften, wenn sie auch ihren Verpflichtungen, zum Beispiel der Tür- und Fenstersteuer, nicht nachgekommen waren, oder was immer der Grund ihrer Schulden war, sei es, daß es persönliche Verpflichtungen, Verpflichtungen für Miete waren, Verpflichtungen über Mobiles oder Immobiles, Direktes oder Indirektes; denn es gab in Rom alle diese hübschen Dinge ebensogut wie heute in Paris, nur mit dem Unterschied, daß der Name verschieden war, daß man alles nicht so teuer bezahlen mußte, und daß man die römischen Bürgerinnen wegen solcher Bagatellen nicht belästigte, während man in Paris alle Welt verhaftet, wie groß das Genie und welches Geschlecht es auch sein mag. Ob es nun ein Maskulinum, ein Femininum oder ein Neutrum ist, das tut bei uns nichts zur Sache.

In Frankreich war es früher gestattet, die Möglichkeit einer Leibespfändung in allen möglichen Aktenstücken von vornherein zu stipulieren. Sie durfte nach vollem Rechte stattfinden bei Schulden an den Fiskus, es gab auch gewisse Fälle, wo sie von dem Richter verfügt werden durfte, selbst wenn sie nicht vorher ausgemacht war.

Das Edikt des Monats Februar aus dem Jahre 1535, betreffend die Erhaltung der Stadt Lyon, befiehlt, daß die Urteile dieses Tribunals durch die Pfändung sowohl am Leibe als am Gut innerhalb des ganzen Königreichs ausgeführt werden sollen »sans *visa* ni *pareatis*«, was noch heute ebenso befolgt wird.

Als Karl IX. durch sein Edikt vom Jahre 1563 die Konsulargerichtsbarkeit in Paris wieder einrichtete, befahl er, daß die Urteilssprüche der Konsuln, der provisorischen ebensowohl wie der definitiven, soweit sie nicht über die Summe von fünfhundert Livres hinausgingen, durch Leibespfändung eingetrieben werden sollen.

Die Leibespfändung bei anderen Verurteilungen fand immerhin bis dahin noch nicht statt. Aber durch die Ordonnanz von Moulins, Artikel achtundvierzig, wurde bestimmt: »Um alle Ausflüchte, Verzögerungen und Betrügereien der Schuldner in Zukunft zu vermeiden, sollen alle Urteile und alle Verurteilungen, die Geldsummen betreffen, was auch der Grund sei, unmittelbar exekutiert werden dürfen durch alle Arten von Vollziehungen oder sonstige Hereinbringungen bis zur gänzlichen Zahlung und Befriedigung; daß, wenn die Verurteilten nicht vier Monate, nachdem die Verurteilung ihnen bekanntgemacht worden war – und zwar ihnen persönlich in ihrer Wohnung zugestellt –, gezahlt hätten, sie verhaftet werden könnten, gefangengehalten, bis sie ihr ganzes Gut hingegeben hätten, und daß, wenn der Schuldner nicht ergriffen werden könne oder wenn der Gläubiger es verlange, durch den Richter in seiner Abwesenheit neuerlich vorgegangen werden solle, und zwar bis zu Verdoppelung und Verdreifachung der schon zugesprochenen Summe.«

Die Geistlichen konnten immerhin auch auf Grund dieser Ordonnanz nicht am Leibe gepfändet werden. So wurde es nämlich durch den Artikel siebenundfünfzig der Ordonnanz von Blois festgestellt.

Der Vollzug der Leibespfändungen nach Verlauf von vier Monaten, der durch die Ordonnanz von Moulins eingeführt war, wurde dann für die ausschließlich bürgerlichen Schulden durch die Ordonnanz aus dem Jahre 1667, Titel vierunddreißig, erster Absatz, abgeschafft, der den Gerichtshöfen und allen Richtern untersagt, derlei anzuordnen bei Strafe der gänzlichen Ungültigkeit des Verfahrens, und allen Gerichtsvollziehern verbietet, derart vorzugehen bei Strafe, alle Kosten, Schadenersatz und Zinsen bezahlen zu müssen.

Um nun die Haftung durch den Leib in den durch das Gesetz vorhergesehenen Fällen erreichen zu können, muß der Gläubiger zuerst das Urteil der betreffenden Person in dem Domizil der Partei zustellen lassen und dazu eine Zahlungsaufforderung mit der Erklärung, daß mit Leibespfändung vorgegangen würde, wenn die vom Gesetz bestimmten Fristen verstrichen sind. Wenn diese Fristen einmal verstrichen sind, und zwar gerechnet angefangen vom Tage der rechtsgültigen Zustellung, kann der Gläubiger bei dem Greffier ein Urteil erheben, dahingehend, daß binnen vierzehn Tagen die Partei herangezogen werde, mit ihrem Leibe die Schuld zu tilgen. Und er läßt dazu bekanntgeben, daß, wenn die vierzehn Tage nun wieder verstrichen sind, ohne alle weiteren Prozeduren die Leibespfändung eintritt. Man muß nur anmerken, daß alle die Bekanntmachungen, von denen hier die Rede ist, mit genauester Beachtung aller Förmlichkeiten, die für die einzelnen Fristen festgesetzt sind, vollzogen werden müssen. Wenn der Schuldner gegen den Urteilsspruch Berufung einlegt, sich der Verhaftung oder dem Urteil, das die Leibespfändung bestimmt, widersetzt, so muß die Leibeshaftung ausgesetzt werden, bis dieser Appell oder sein Widerstand rechtlich beurteilt worden ist. Allein wenn vor der Zustellung der Berufung oder der Einlegung der Rechtsmittel die Gerichtsvollzieher oder die Schergen des Handelsgerichts sich der Person des Verurteilten haben bemächtigen können, dann wird kein Aufschub mehr gewährt, das heißt, der Schuldner hat kein Recht mehr, Berufung einzulegen.

Diese Verfolgungen und Leibespfändungen hindern aber nicht die Beschlagnahme, Exekution und Feilbietung seiner Güter, beweglicher oder unbeweglicher, wenn er einmal verurteilt ist.

Wie sich das alles nun auch verhalten mag – das letzte Gesetz über die Haftung mit dem eigenen Leib (das vom fünfzehnten Germinal des Jahres VI) hat keinen Unterschied aufgestellt zwischen dem wirklichen konzessionierten Händler und dem, der, ohne Händler zu sein, doch geschäftliche Handlungen vollzieht. Ich aber will nun von den Genußmenschen, den Verzehrenden der verschiedensten Arten, sprechen, denen das Handelsgericht die Ehre erweist, sie durch den Titel Händler besonders zu qualifizieren. Es genügt, einen Wechsel rechtsgültig unterschrieben zu haben, um als ein *Händler* angesehen zu werden und der Gerichtsbarkeit des Handelsgerichts zu unterstehen. Wenn der Wechsel dann nicht am Fälligkeitstage bezahlt ist, so verfehlt dieses Tribunal niemals, Haftung mit dem eigenen Leibe zu verfügen; und darum ist dieses Tribunal so beschäftigt, daß es, wie man sagt, in Durchschnittsjahren ungefähr achtzehntausend Urteile dieser Natur ergehen läßt.

Mein Onkel ist der Ansicht, daß man sehr gut daran täte, das ganze Verfahren der Haftung mit dem eigenen Leibe aufzuheben. Oder es lediglich für die *Gläubiger* zu reservieren. Das sind nämlich in der Regel Leute, die Geld auf Pfand leihen, Intriganten, Wucherer oder jene elenden Agenten, die sich fälschlich mit dem Titel »Schaffende« schmücken, und die zu ihrem Profit die Institution der Leibespfändung auszubeuten verstehen. Ihre Abschaffung würde eine ganze Menge jener Fallen wegschaffen, die jungen Genußmenschen gestellt werden, Leuten, die bekanntlich ohne Erfahrung sind und oft ihre ganze Zukunft für einen Augenblick des Rausches und der Zerstreuung aufs Spiel setzen und unglücklicherweise die Manie haben, ihren Gläubigern Akontozahlungen zu geben. Es wäre also ein wirklicher Vorteil für die öffentliche Moral und für den allgemeinen Verkehr, wenn man dieses Verfahren abschaffte.

Es ist erwiesen, daß die Haftung durch den eigenen Leib die schlechten Sitten auf mehr als eine Art begünstigt. Mein Onkel hat eine zartfühlende Frau – heute ist sie Herzogin – gekannt, die einmal durch die Gegenwart eines Gemahls von eifersüchtigem Temperament geniert war, nun erfährt, daß er einen Wechsel unterschrieben hat, und daß seine Geschäfte ihm nicht gestatteten, ihn am Verfallstage zu bezahlen. Sie läßt sofort unter der Hand die fatale Schuld aufkaufen und hielt nun ihren Gemahl hinter den Kerkertoren von Sainte-Pélagie fünf Jahre gefangen. Der honette Gatte erfuhr erst viel später, welchem Manöver er zum Opfer gefallen war, denn seine zärtliche Gemahlin kam gelegentlich zu ihm und weinte mit ihm über solch grausame Trennung, um sich dann mit ihrem Krösus über ihr eheliches Unglück zu trösten.

Ebenso hat mir mein Onkel versichert, daß ein ähnliches Mittel auch schon in Anwendung gekommen ist, um Ungelegenheiten zu vermeiden, die ein Verliebter anstellte, der die Versicherungen ewiger Treue, die am Ende eines Briefes sich fanden, allzu wörtlich genommen hatte.

Die Dauer der Zurückhaltung im Gefängnis ist für einen Franzosen auf fünf Jahre festgesetzt. Wenn diese Zeit abgelaufen ist, ist er frei, und seine Gläubiger verlieren jedes Recht auf ihn. Bei Fremden aber ist die Dauer der Zurückhaltung im Gefängnis unbegrenzt.

Das Lebensalter, wie hoch es auch sei, befreit keineswegs von der Leibespfändung. Man hat Greise von neunzig Jahren gesehen, die im Gefängnis von Sainte-Pélagie ihrer Schulden wegen festgehalten wurden. Man merke sich das, besonders wenn man ein Genußmensch ist, welches Alter man auch habe! . . .

NEUNTE LEKTION

Über Gerichtsvollzieher

Was ist ein Gerichtsvollzieher? – Griechische und römische Gerichtsvollzieher. – Von den Sergeanten. – Rechte und Vorrechte dieser Herren. – Kleine Anekdoten, die beweisen, wieviel Vorteile das Amt eines Gerichtsvollziehers oder eines Sergeanten mit sich bringt. – Zuflüchte und Unverletzbarkeit. – Folgen.

Man müßte an gewissen sicheren Zeichen das Verborgenste im Herzen der perfiden Menschen erkennen können!« Das wünscht Racine in zwei Versen, die sich wohl auf das Erkennen der Gerichtsvollzieher beziehen. Denn sowie die Sonne auf dem Horizont erscheint, dürfen jene unglücklichen Genußmenschen, die ohne Prinzipien leben oder vielmehr gar keine haben, zu zittern anfangen, und zwar gerade, weil das Gestirn leuchtet, obwohl nach dem Sprichwort die Sonne für alle Welt leuchtet. Denn die Gerichtsvollzieher haben gerade dann das Recht, Sie in Haft zu nehmen oder in Haft nehmen zu lassen, was ungefähr das gleiche ist. Immerhin sind die Sonntage und die von der Kirche geheiligten Feiertage ausgenommen.

Aber, werden Sie sagen, was ist denn das überhaupt: ein Gerichtsvollzieher? ... Ich will es Ihnen erklären.

Ein Gerichtsvollzieher ist eine Art Diener der Gerechtigkeit, aber angezogen wie Sie und ich, der alle notwendigen Geschäfte besorgt, um die Parteien herbeizuzitieren, sei es zur Anhörung des Urteils, sei es zur Exekution selbst, zu allen gerichtlichen Kommissionen und zu allen von den gesetzlichen Behörden ausgehenden Befehlen.

Die Gerichtsvollzieher sind so genannt worden, weil sie das Gericht vollziehen. Die hauptsächliche Tätigkeit dieser Funktionäre ist fürs erste gewesen, darauf zu sehen, daß die Türe im Gerichtssaal geschlossen ist*, wenn man dort berät, zu verhindern, daß irgendein Fremder ohne die Erlaubnis des Präsidenten eindringt, ja sogar zu verhindern, daß man in der Nähe des Ortes, wo beraten wird, horcht (denn die Beratung muß geheim sein), jene Leute eintreten zu lassen, die vom Tribunal hereingefordert werden, und jene hinauswerfen, die die Sitzungen stören, mit einem Wort, in jeder Beziehung den Willen des Präsidenten zur Geltung zu bringen.

Bei den Römern wurden jene, die die Funktionen der Gerichtsvollzieher ausübten, Apparitores, Cohortales, Executores, Hatores, Cornicularii, Officiales genannt; sie erfüllten zu gleicher Zeit die Aufgaben jener, die man vor der Revolution Sergeanten nannte.

In Frankreich nannte man sie Serviantes, und daraus hat man dann eben Sergeant gemacht. Noch im 13., 14., 15. und 16. Jahrhundert nannte man sie Büttel, was in dieser Beziehung ungefähr soviel heißt wie »öffentliche Vorlader«.

Von 1317 an wurden jene, die den Dienst im Parlament vollzogen, Vateli curiae genannt; aber in einem Brief vom 2. Januar 1365 nannte sie der König selbst »unsere lieben Varlets«. Übrigens weiß man ja, daß der Ausdruck Varlet nicht dasselbe bedeutet wie heute der Ausdruck Valet, al-

* Balzac gibt die Etymologie von *huissier*.

so den Menschen, der eine geringe Tätigkeit ausübt; denn mächtige Vasallen wie Grafen, Herzöge und Barone nannten sich selbst mit diesem Ausdruck: *Premier varlet du roi,* obwohl sie doch weit davon entfernt gewesen sind, sich als die niedrigen Diener Seiner Majestät zu betrachten. Übrigens wurden die Plätze der Huissiers im Parlament immer als »Ämter« betrachtet, und man kaufte sie wegen der hohen Gehälter und der Nebeneinkünfte, die mit den Posten verbunden waren.

Der Name Huissier – also Gerichtsvollzieher – wurde denen gegeben, die beauftragt waren, die Gerichtssäle zu bewachen. Ein Beispiel dafür findet man, was das Parlament anbetrifft, in der Verordnung des Erzbischofs von Paris aus dem Jahre 1388, die gerichtet ist dem: »Primo parlamenti nostri hostiario sen servienti nostro.«

Später hatten die meisten Sergeanten, die man vor der Revolution auch *Pousse-culs* nannte, den Ehrgeiz, auch Huissiers – Gerichtsvollzieher – zu heißen, obwohl es durchaus nicht ihr Dienst war, den Richtern oder dem Tribunal zu dienen, so daß dann die ersteren »Huissiers der Verhandlungen« genannt wurden, um sie eben von den andern Huissiers zu unterscheiden, die in Wirklichkeit nichts anderes waren als Sergeanten oder Pousse-culs.

Es war den Huissiers, selbst denen im Parlament, verboten, sich als *Herren* zu betrachten. Dieser Titel war damals, ebenso wie der Stand eines Herren, nur den Beamten selbst vorbehalten, aber seit die sich nun *Monsieur, Monseigneur, sa grace, sa seigneurie* nennen lassen, lassen sich eben die Huissiers *Herren* nennen.

Sie haben vor den Mitgliedern des Tribunals einherzugehen, um ihnen so Ehre und Respekt zu verschaffen und zu hindern, daß ihnen jemand in den Weg tritt. Sie haben ihnen dann zu Anfang der Sitzung Ruhe zu schaffen, und mit ihrem Stock auf den Boden zu stoßen, um so das Publikum ruhig und auf seinem Platz zu halten.

Ein Huissier ist es, der die einzelnen Gerichtssachen aufruft nach der Rolle, die ihm vom Präsidenten übergeben worden ist, und er muß, wenn er diese Funktionen ausübt, sein Haupt bedeckt halten.

Die alten Verordnungen verboten ihnen bei Androhung von Tadel und Strafe, irgend etwas anzunehmen, irgendeine Vergütung von den Parteien zu verlangen oder auch nur zu empfangen, wenn sie deren Sachen aufzurufen hatten. Aber man sagt, daß in Frankreich es sich mit den alten Verordnungen ungefähr so verhält wie mit manchen neuen, die ich ebenfalls zitieren könnte, und die geradeso nicht befolgt werden.

Die Gerichtsvollzieher sind es, die Zahlungsbefehle oder auch Schriftsätze zu überreichen haben, die dann zur Veröffentlichung der Anzeigen über die Versteigerung vorgehen, die Exekutionen entsprechend dem Eifer des Herrn Königlichen Prokurators zu vollziehen haben und ebenso die Urteile, die in Strafsachen ergehen.

Sie sind es, die die Protokolle über Verfolgungen führen. Ihre Sache sind die Verhaftungen, Beschlagnahmen und die Wegnahme der Güter. Im Falle ihnen Widerstand geleistet wird, dürfen sie die bewaffnete Macht zu ihrer Hilfe herbeirufen, und auch die sonstigen Bewohner sind je nachdem gehalten, ihnen Hilfe zu leisten und ihnen beizustehen, wenn es eben in ihren Machtbereich fällt.

Franz I. hat einmal erfahren, daß einer seiner Huissiers Stockschläge bekommen hatte, und da trug er eine Weile seinen Arm in einer Schleife, um dadurch symbolisch anzuzeigen, daß er diese Behandlung, die einem seiner Huissiers widerfahren war, ebenso ansah, als wäre sie ihm selbst geschehen, daß also die Gerechtigkeit, als deren erster Diener er sich ansah, in seiner Person verletzt sei.

Das Edikt von Amboise, die Verordnungen von Moulins und von Blois verbieten bei Todesstrafe, ohne daß man irgendeine Art von Gnade dann zu erwarten hätte, die Huissiers oder Sergeants, wenn sie ihr Amt tun, anzugreifen oder zu verletzen.

Jourdain-de-Lille, berühmt wegen seiner Räubereien unter Karl IV., wurde im Jahre 1322 gehenkt, weil er einen Gerichtsvollzieher, der ihn vor das Parlament laden wollte, vor den Bauch gestoßen hatte.

Eduard, Graf von Beaujeu, hatte die Leibespfändung am eigenen Körper zu spüren, und er wurde in der Conciergerie eingesperrt, weil er einen Gerichtsvollzieher aus dem Fenster geworfen hatte, der versuchte, ihm ein Schriftstück bekanntzugeben. Der Prinz von Wales, der 1367 einen Gerichtsvollzieher an der Ausübung seines Amtes zu hindern suchte, wurde vom Parlament in contumacia als Aufrührer erklärt und seine in Aquitanien gelegenen Güter beschlagnahmt.

Früher vollzogen die Huissiers ihre Ämter, indem sie mündlich den Parteien mitteilten, was sie ihnen mitzuteilen hatten, und dann einen Bericht darüber an den zuständigen Richter machten, und zwar in folgenden Ausdrükken: »*A vous, Monseigneur le Bailly … mon très douté ou redouté Maître … plaise vous savoir que le … j'ai intimé … à comparoitre*« … usw. usw. Dieser Bericht wurde *relatio* genannt. Der Gerichtsvollzieher schrieb ihn nicht selbst nieder, er setzte nur sein Siegel darunter, und zwar aus dem einfachen Grunde, daß die Mehrzahl von ihnen weder schreiben noch lesen konnte. Jetzt aber sind infolge der neuen Verordnungen die Gerichtsvollzieher gezwungen und verpflichtet, lesen und schreiben zu können, und alle halten sich daran.

Sie haben das Recht für sich, sowohl offensive als defensive Waffen zur Sicherheit ihrer eigenen Persönlichkeit zu tragen und sich sowohl von der Zivilmacht als von der militärischen Hilfe leisten zu lassen. Ihr habt also Grund genug, die verschiedenen Auswege genau zu studieren, die mein Onkel Euch durch meine Stimme bekanntgeben läßt. Zum Beispiel jene, die die Paragraphen des Gesetzes Ihnen bieten und die in sehr vielen Worten das sagen, was ich Ihnen in sehr wenigen Absätzen mitteilen will.

Sie können von ihnen nicht verhaftet werden wegen einer Summe, die geringer ist als hundert Franken. Wenn Sie also die Schwäche haben, eine oder mehrere Verpflichtungen zu unterschreiben, so tun Sie das niemals für eine Summe, die über neunundneunzig Franken neunundneunzig Centimes hinausgeht. Helfen Sie sich dadurch, daß Sie eben zweimal, dreimal, viermal, je nachdem, Verpflichtungen ausstellen.

Zweitens: Sie können weder vor noch nach Sonnenuntergang verhaftet werden, so daß der Mond Ihr Helfer wird. Blicken Sie also zu dem Monde, Sie alle, romantische Genußmenschen!

Drittens: Man darf Sie nicht verhaften in Gebäuden, die kirchlichen Zwecken dienen, allerdings nur während des Gottesdienstes nicht. Das ist also eine schöne Gelegenheit, um sich das Repertoire der Kirche wieder ins Gedächtnis zu rufen ... Profitieren Sie von dieser Verordnung und fehlen Sie bei keinem Hochamt, keiner Messe!

Viertens: Die königlichen Residenzen haben für Sie dieselbe wunderwirkende Kraft. Also zum Beispiel der Jardin des Plantes, der Louvre, die Tuilerien, der Luxembourg, das Palais Royal (aber nur der Garten, die Galerien sind ausgenommen).

Fünftens: In Ihrem eigenen Hause, solange Sie nämlich nicht ausgehen, und unter der Voraussetzung, daß das nicht ein Hotel garni ist, und daß Sie niemandem, wer immer es auch sei, Ihre Adresse gegeben haben.

Sechstens: In jenen Örtlichkeiten, wo sich die Autorität versammelt, um die wichtigsten Staatssitzungen abzuhalten. Aber es muß eben eine Sitzung sein. Gehen Sie also in die Deputiertenkammer und hören Sie zu, was die Erwählten des Volkes über jene Freiheit sagen, die allerdings nichts mit Ihrer eigenen Freiheit zu tun hat.

Das sind die Zuflüchte, die Ihnen das Gesetz gegen die Verfolgung der Gerichtsvollzieher gewährt. Mit ihrer Ausnahme laufen Sie überall, bei jedem Schritt Gefahr, angerufen zu werden, am Ärmel gepackt und, wenn Sie nicht gute Beine haben, an jenen Ort geführt zu werden, dessen Name Ihnen sofort ins Gesicht springen wird, wenn Sie die nächste Seite aufschlagen ... Nämlich:

ZEHNTE UND LETZTE LEKTION

Das Gefängnis von Sainte-Pélagie

Verspätetes Geständnis. – Wegweiser. – Kenntnis der Örtlichkeiten. – Verschiedene Bildnisse. – Der neue Lebenswandel, den man befolgen muß. – Besuche. – Tröstungen. – Abschließende Betrachtungen.

Du unglücklicher Genußmensch, es ist ein eitles Tun meines Onkels gewesen, es Euch zu verheimlichen: Ihr alle riskiert es, hier zu enden! Und sowie ein Schuldner einmal im Gefängnis sitzt, wenn er nun nicht zahlen kann und der Gläubiger sein Feind geworden ist, wie das immer der Fall ist, dann muß er einfach resignieren und sich mit dem Gedanken vertraut machen, dort fünf Jahre, die schlimmer sind als der Tod, zu verbringen. Die einzige Chance, die ihm noch fürs Herauskommen bleibt, ist die Hilfe des »Comité de Bienfaisance«, oder daß etwa der Gläubiger vergißt, jenen Vorschuß zu zahlen, den der in so traurige Lage geratene Genußmensch für seine Ernährung von ihm zu verlangen das Recht hat. In diesem Falle bringt eine einzige Stunde der Verzögerung die Freiheit zurück. Aber während Sie darauf warten, müssen Sie immerhin ins Gefängnis wandern, und ich will mich der Mühe unterziehen, Ihnen den Weg zu zeigen; denn mein Onkel, der niemals notwendig hatte, ihn einzuschlagen, wäre in Verlegenheit, wenn er selbst ihn Ihnen sagen müßte.

Bemerken Sie in dieser kleinen und fast verlassenen Straße, die man Rue de la Clef nennt (was man clé ausspricht, selbst wenn dann ein Selbstlaut kommt, worüber uns das Diktionär der Akademie belehrt), das große Bauwerk, das von hohen Mauern, von eigenartig geformten Ecksteinen umsäumt ist, und dessen Fassade so aussieht, als wäre sie nur zur Hälfte aus dem Erdboden herausgekrochen? Sehen Sie diese Wachstube, dieses Schilderhaus? Erkennen Sie gut dieses vier Fuß hohe Tor mit dem Judasfenster aus acht Zoll großen Quadraten? Klopfen Sie zweimal, senken Sie dann Ihr Haupt, und krümmen Sie sich so, daß Ihre Beine zu Ihrem Körper einen rechten Winkel bilden. Man öffnet Ihnen, Sie können eintreten! ...

Und jetzt sind Sie drin in diesem alten Kloster (repariert und aufs neueste wieder hergestellt), das einst als Asyl schüchternen Nonnen gedient hat, und dessen Zweck es heute ist, ein Gefängnis jener Genußmenschen aller Klassen zu sein, die die Methode meines Onkels nicht gekannt haben, und, um ihre Schulden zu zahlen, einen oder mehrere Wechsel unterschrieben und dann nicht eingelöst haben, oder gar jener zerstreuten Menschen, die die Gewohnheit angenommen haben, aus der Tasche ihrer Nachbarn zu nehmen, was sie vermutlich in ihre eigene zu stekken vergessen haben.

Die Schwelle, die Sie nun überschreiten, hat Sie auf ewig von dem Aufenthalt jener getrennt, die »kommen und gehen«. Inmitten von Paris sind Sie doch in einer anderen Welt. Der große Zerberus da, sechs Fuß zwei Zoll hoch, jene Art von Trauermensch, dessen Hand den Neid des tapfersten Claqueurs unserer königlichen Theater erweckt, und die identifiziert werden mag mit dem enormen Schlüssel, den man fast für das Wappen eines Bischofs aus dem zwölften Jahrhundert halten könnte – er hat erraten, daß Sie ein »Verzehrer«, ein Genußmensch sind, der nun eine Art von Mietskontrakt mit einem »Schaffenden« der hier üblichen Sorte eingegangen ist. Von diesem Augenblick an ist Ihr Signalement seinem Gedächtnis eingeprägt, und erst wenn fünf Jahre dahingegangen sind, ist es ihm erlaubt, aus seinem Gedächtnis Ihre Physiognomie auszumerzen.

Ein neuer Hartentirkof, ist er unbestechlich. Nichts bewegt ihn, nichts könnte ihn milder stimmen. Er öffnet und schließt die besagte Tür mit derselben Gleichgültigkeit dem Unglücklichen wie der Schönen, die ihn gelegentlich trösten kommt. Er lacht niemals, außer wenn er einen Korb Chambertin oder Mercuray an sich vorbeitragen sieht. (Ach, wenn er den nur zu seinen eigenen Gunsten konfiszieren könnte! ...) Aber ich darf mich nicht mit den Bagatellen des Eingangs aufhalten. Ich will Sie also geradewegs zur Kanzlei führen. Sie ist ganz weit am äußersten rechten Ende des kleinen Korridors, in dem Sie sich nun befinden. Sie stellen sich dort einem bescheidenen, weißhaarigen Beamten in kurzen Hosen vor, der eigentlich von Natur recht gutmütig ist, aber auf den Verordnungen des Herrn Polizeipräsidenten herumreiten muß. Und nun sind Sie »registriert«; und von diesem Augenblicke an können Sie sich als ein rechtmäßiger Bewohner dieses Etablissements betrachten. Wenn nun der Genußmensch, der hier Mieter geworden ist, Grundsätze hat, so verlangt es der Anstand, daß er, bevor er weitergeht, eine kurze Visite beim Wirt des Hauses abstattet. Der hält sich gewöhnlich in einer benachbarten Stube auf, mit zwei weiteren Kanzlisten, die ihm als Adjutanten dienen. Sie werden erstaunt sein über die Liebenswürdigkeit seiner Formen, die Höflichkeit seiner Manieren (er ist ein guter Typus von M. Jovial).

Obwohl *Monsieur Greffier-concierge de Sainte-Pélagie* (das ist sein offizieller Titel) immer umgeben ist von Hunden, Wächtern, traurigem Mauerwerk, obwohl er den Argot besser kennt als der Verfasser eines Wörterbuches über diesen Dialekt, diese Muttersprache aller Räuber und Schurken, die irgendwo einem Gefängnis entsprungen sind, und anderer *Fashionables* derselben Güte, trotzdem also drückt er sich in der distinguiertesten Weise aus. Ein Beweis, daß das Gefängnis von Sainte-Pélagie nicht nur schlecht erzogene Menschen beherbergt.

Sie werden gut daran tun, seine Bekanntschaft zu machen, besonders weil er im Innern von Sainte-Pélagie absoluter Herrscher ist. Dort ist ihm die Leitung unumschränkt anvertraut, und seine Taten und Urteile unterliegen keiner Berufung.

Nachdem Sie ihm Ihre respektvollen Verbeugungen abgestattet haben – er ist nun einmal der Wirt des Hauses –, kehren Sie wieder um, durchschreiten den Mitteltrakt und dringen ins Innere des »Hotels« vor. Da finden Sie nun zwei Türen. Die eine ist die Tür, die zu den Gemächern führt, wo Leute festgehalten werden, weil sie abweichende Meinungen über Politik oder über Besitzfragen gehabt haben, die geht Sie aber nichts an. Ihre ist die andere, die linke; die führt ins Schuldgefängnis. Sie klopfen, man öffnet Ihnen, Sie zeigen Ihren Schein vor, und nun sind Sie endgültig drin.

Ein Deputierter* hat einmal von der Rednertribüne aus

* M. Bayre.

gesagt, daß das Los der wegen Schulden Eingesperrten gar nicht so zu bedauern ist, wie man das gewöhnlich in der Öffentlichkeit meint, denn sie gäben ja jeden Tag Feste. In dieser Erklärung steckt zwar irgendwo ein Körnchen Wahrheit, aber sie zeigt den gänzlichen Mangel an Generosität des Redners.

Ich weiß wohl, daß man in Sainte-Pélagie eine gewisse Zahl von Genußmenschen findet, die versuchen, sich an reichbesetzten Tischen über ihr Unglück hinwegzusetzen in Gesellschaft von andern Genußmenschen, ihren Freunden, die zu Besuch kommen. Aber die Hauptmenge der Schuldner steckt im tiefsten Elend drin, und einzelne würden ohne die Hilfe ihrer Genossen geradezu elendig zugrunde gehen.

Was ich hier sage, ist aufs Wort wahr, und mehr als einer meiner Leser wäre in der Lage, selbst darüber zu urteilen, wenn er nicht schon die vielen Theorien, die mein Onkel lehrt, praktisch ausgeführt hätte.

Das Gesetz verpflichtet den Gläubiger, der jemanden in Gefangenschaft setzen will, dem Schuldner eine Summe von zwanzig Franken im Monat vorzustrecken. Von dieser Summe hat der Schuldner zuerst die Miete für sein Bett und für die übrigen Möbel seines neuen Aufenthalts, so bescheiden sie auch seien, zu bezahlen, und das kostet ihn ungefähr die Hälfte von dem, was er monatlich bekommt. Zehn Franken ist der feste Preis, so wie für eine kleine Pastete. Es bleiben ihm also zehn Franken, um sich zu ernähren. Zehn Franken, oder schöner gesagt, tausend Centimes auf dreißig Tage (der Monat durchschnittlich zu dreißig Tagen gerechnet) verteilt, das macht dreiunddreißig zwei Drittel Centimes oder sechs Sous und zwei

Heller ungefähr für den Tag aus, und mit denen soll er sich zwei Mahlzeiten anschaffen. Es bleiben ihm dann noch zehn Centimes oder zwei Sous im Monat, um sich Kleider zu kaufen, seine Wäsche zu bezahlen und seine Beheizung, zu spielen, zu lesen, Geschenke zu machen usw. usw.

Das ist sicherlich nicht zuviel, und ich zweifle sehr, ob ein Nationalökonom, und wäre er selbst von derselben Güte, wie mein Onkel am Ende seiner Laufbahn war, je in der Lage wäre, seine Geschäfte in Ordnung zu halten, selbst ohne seine Schulden zu zahlen, wenn er ein solches Einkommen hätte.

Allerdings, es ist wahr, der Minister des Innern kommt den Schuldnern zu Hilfe, indem er unter sie verteilen läßt, was man *pitance* nennt, das heißt, eine Schale magerer Bouillon, in der etwas trockenes Gemüse schwimmt, die an den Donnerstagen, Sonntagen und den heiligen Festen durch eine sogenannte »fette« Bouillon ersetzt wird, die noch dazu begleitet ist vom Teil einer Kuh, die man auf allgemeine Vereinbarung hin dem männlichen Geschlechte zugeschrieben hat.

Wenn der arme Schuldner eine Familie hat, und wenn diese Familie nicht im Überfluß lebt, dann ist es noch notwendig, daß er das wenige, das man ihm gibt, mit seiner Frau und seinen Kindern teilt. Wahrhaftig, welch trauriges Bild! Ein armer, seiner Freiheit beraubter Unglücklicher, der am Ostertage oder am Weihnachtsabend nichts hat als diese pitance, auf die nun noch seine Frau und seine ausgehungerten Kinder angewiesen sind...

Mein Onkel, der zwar niemals seine Kinder gekannt hat – weil man nämlich niemals seine Frau gekannt hat –, hinterließ, obwohl er selbst seinen Fuß nie nach Sainte-

Pélagie gesetzt, dennoch ein Bild, das auf eine treffliche, allerdings erschütternde Weise das dort herrschende Elend zeigt. Er hat das auf dem Wege eines Analogieschlusses erreicht.

Immerhin, ich muß es zugeben, dieser elende Zustand ist nicht für alle der gleiche. Die Genußmenschen, die als Schuldner in Sainte-Pélagie eingesperrt sind, finden dort eine Table d'hote, und drei oder vier Restaurants, die von der bessergestellten Klasse besucht werden und die, was wahrhaftig wundernimmt, ebensogut Kredit geben wie die reichsten Restaurants der Residenz. Das kommt ohne Zweifel als Unterstützung in Frage für die Behauptung meines Onkels: »Wer keinen Kredit gibt, macht bankrott.« Ich, für meine Person, muß ja allerdings der Ansicht Ausdruck geben, daß, wenn es irgendeinen Restaurateur gibt, der keinen Kredit geben soll, so hat es der von Sainte-Pélagie zu sein. Nun, ganz das Gegenteil ist in Wirklichkeit der Fall!

Es gibt in diesem zurückgezogenen Orte auch Cafés, wo man rauchen kann, ja einen Klub, wo man spielt, zum Beispiel Ekarté, und ein Lesezimmer, wo alle Zeitungen gehalten werden, ausgenommen der Moniteur, die Gazette de France ...

Das Innere von Sainte-Pélagie erinnert an eine große Karawanserei. Dort werden ja auch Leute aus allen Ländern und aus allen Berufen aufgenommen. Man zählt dort ungefähr zwanzig Offiziere, unter denen ein halbes Dutzend Colonels sind und ein Generalleutnant; die Marquis, die Grafen und Barone, die Freiherren sind immer in großer Zahl vorhanden; von Zeit zu Zeit sieht man selbst Abbés dort. Der Rest der Bevölkerung setzt sich aus Schriftstellern, Musikern, Malern, Arbeitern, Restaurateuren, Wasserträgern, Schneidern und Räubern der verschiedensten Art zusammen. Die seltensten Wesen in Sainte-Pélagie sind ein Kaufmann oder ein Gendarm.

Da jeden Tag zwischen fünfundsiebzig und hundertfünfzig Besucher kommen, also durchschnittlich hundert, da diese Besucher doch nicht auf Kosten der eingesperrten Schuldner leben können, so verdienen sogar die Restaurationen und Cafés etwas. Ohne diese Hilfsquellen, die von außen kommen, würde wahrscheinlich die Mehrzahl dieser Etablissements sich nicht lange halten können, denn im allgemeinen verzehren die eingesperrten Genußmenschen wenig und zahlen gar nichts. In der Tat sind die Restaurateure und Cafetiers dort auch nicht gerade berühmt. Die Habitués scheinen alle jene Praktiken zu kennen, die mein Onkel lehrt, ohne aber die Theorie selber praktizieren zu können. Da ist nun eine große Aufgabe, die dieses Werk für alle jene, die noch nicht in Sainte-Pélagie gewesen sind oder schon herausgekommen sind, zu vollbringen hat ... Wenn man so einen unglücklichen eingesperrten Genußmenschen in Sainte-Pélagie besuchen will, genügt es nicht, auf die Polizeipräfektur zu gehen und dort die Erlaubnis zu verlangen – man muß sich vorher mit einer Autorisation, und zwar mit einer schriftlichen, von dem Schuldner, den man besuchen will, versehen haben. Nur auf Grund dieser Autorisation, die auf der Kanzlei des Etablissements ihren Stempel erhalten haben muß (und zwar durch den ehrenwerten Beamten, von dem ich am Anfang der Lektion gesprochen habe), kann Ihnen der sehr ehrenwerte Herr der Polizeipräfektur die Erlaubnis ausstellen.

Diese Maßregel, die fürs erste eine Beschränkung der Freiheit des Eingesperrten scheint, ist nicht allein notwendig, sondern sogar höchst menschenfreundlich. Ohne sie könnten die unglücklichen eingesperrten Genußmenschen Tag für Tag von ihren Gläubigern, den sogenannten »Schaffenden«, gequält werden, obwohl sie schon hinter Schloß und Riegel sind. Diese Art der Besuchsordnung gibt sogar dem Eingesperrten die Möglichkeit, in seinem Gefängnis nur jene Personen zu empfangen, die die Langeweile seiner Gefangenschaft etwas lindern können. Was die Gläubiger betrifft, so haben sie kein anderes Mittel, ihre Schuldner zu sehen, als indem sie sie in die Kanzlei rufen lassen. Und selbst dorthin zu gehen, können jene ablehnen, wenn sie den berechtigten Verdacht haben, daß der, der kommt, nichts anderes will, als ihnen wiederum Scherereien machen, ohne aber ein Arrangement der Angelegenheit, das zur Befreiung führt, herbeizuführen.

Überdies gibt es in Sainte-Pélagie, wie übrigens im ganzen Leben, nur zwei große Epochen: die, wo man kommt, und die, wo man weggeht. Die ersten Tage im einen Falle sowie die ersten Jahre im andern scheinen endlos. Aber wenn man in eine gewisse Periode gelangt ist, überstürzen sich die Tage nur so mit ganz außerordentlicher Schnelligkeit. Die letzte Woche im Gefängnis, wie die letzte Lebenszeit, verstreicht rapid und hinterläßt in der Erinnerung nur flüchtige Spuren; man zählt dann die Tage so wenig, wie der Greis die Jahre zählt. Ich hätte es gern, daß jemand mir einmal dieses Phänomen klar erklärt; es ist übrigens erwiesen, daß große unbegrenzte Zeiträume dem Glücke überhaupt schädlich sind. Vor allen Dingen hat man es notwendig, das Endziel zu sehen und zu fühlen. Milton arbeitete an seinem »Eden« in einem Keller. Rousseau schrieb seine schönsten Seiten in einer Scheune. Cervantes vollbrachte sein Meisterwerk in einem Kerker, und mein Onkel verfaßte diese gelehrte Abhandlung im Spital. Aber was sind Milton, Rousseau, Cervantes und eine Menge anderer, die ich mit Leichtigkeit noch nennen könnte, im Vergleich zu meinem Onkel! Alle diese großen Genies haben ja niemals auch nur einen Sou Schulden gehabt! . . .

SCHLUSS

Moral,

die aber nichts zu tun hat mit der, die mein Onkel in seinem Werke predigt, und die statt der seinigen zu befolgen ich schon aus diesem Grunde meinen Lesern anraten würde.

Wir leben, Gott sei Dank, nicht mehr in einer Zeit, wo es zum guten Ton gehört, Schulden zu haben, und wo Gläubiger im Vorzimmer mehr Ehre bringen als Lakaien im Vorzimmer.

Die Verrücktheit einiger junger Herren aus der Zeit des alten Hofes hatte zwar unmerklich alle Stände durchdrungen, aber es war meinem sehr bemerkenswerten Onkel überlassen, ein Prinzip des Zivilrechtes, des politischen und Handelsrechtes, kurz gesagt, ein Buch zu machen, um ausdrücklich zu beweisen, daß unbezahlte Schulden ein unbestreitbarer Beweis für das Glück dessen sind, der sie gemacht.

Ich muß ihn um Verzeihung bitten, aber gerade während ich die Redaktion seiner ›Kunst, die Schulden zu zahlen, die Gläubiger zu befriedigen, ohne auch nur einen Sou auszugeben‹ besorgt habe, bin ich niemals imstande gewesen, seine Moral auch meinerseits zu schätzen. Ich habe noch weniger den Witz seiner Späße empfunden, wenn ich über die Mittel nachgedacht habe, die er anrät, um imstande zu sein, seine Schulden nicht zu zahlen, wenn man unglücklicherweise gezwungen war, welche zu machen, und wenn man nun die Möglichkeit gefunden hat, keine mehr zu haben, indem man sie zahlt, das heißt, mit Bargeld bezahlt. Es scheint mir, daß Schulden, welcher Art sie auch seien, Verpflichtungen sind, die man ebenso ernst nehmen muß wie alle andern, daß also weder Geist noch Ehre darin liegt, seinen Verpflichtungen nicht nachzukommen.

Ich weiß es sehr wohl, und alle Welt weiß es, daß die Gesetze der Gesellschaft in diesem Falle etwas gestatten – und zwar durch eine jener Inkonsequenzen, von denen Beispiele in unseren Sitten und Gebräuchen anzuführen mir leicht genug wäre –, was das Gesetz verdammt. Ich weiß auch, daß zwar am Tage die Gerichte die Schuldner verurteilen, des Abends aber die Theaterstücke sich über die Gläubiger lustig machen, und daß es gewissermaßen eine Vereinbarung der großen Welt und des Theaters ist, über Streiche zu lachen, die man den Gläubigern Tag für Tag spielt. Aber mit der Zeit werden die Gläubiger müde, wenn sie viele zwecklose Wege gemacht haben, sie werden es müde, immer wieder den Aufschub zu gewähren, um den man sie bittet, und schließlich werden sie standhaft und bekommen ein gerichtliches Schriftstück, das ihnen die Zwangsvollstreckung gestattet, und der Schuldner kann nichts anderes tun, um neuen Kredit zu bekommen, als wenigstens einen Teil zu zahlen, und zu diesem Zweck geht er nun zu einem Wucherer. Diese ehrenwerten Geschäftsleute, die immer genau Bescheid wissen über die Bedürfnisse und auch über den Kredit jener, die zu ihnen ihre Zuflucht nehmen, kennen aber auch besser als irgend jemand den Wert eines unterschriebenen, gestempelten Schuldscheines. Der verwirrte Mensch, der in ihre Hände fällt, kann, solange er will, den Satz meines Onkels wiederholen: »So viel Scheine als ihr wollt, aber keinen richtigen Wechsel«; nur zu diesem Preise bekommt er schließlich doch Geld, und noch dazu zu ganz enormen Zinsen. Die Tage verstreichen, der Tag der Fälligkeit kommt, der Wechsel wird protestiert, ein Gerichtsurteil wird erlassen, wird ihm bekanntgegeben, M. Legrip und Konsorten verlassen Sie, und am andern Tage kommt unser Elegant aus dem Bois zurück, tritt ins Café de Paris und wird, ohne daß man nun auf die Mode oder auf seinen guten Appetit Rücksicht nimmt, eingeladen, auf Grund eines Urteils des Handelsgerichtes, das in der Börse seinen Sitz hat, sich in jenes Gefängnis in der Rue de la Clef zu begeben und dort zwischen vier Mauern sein Leben zu verbringen, bis ein gütiger Vater, eine zärtliche Mutter, eine gefällige Geliebte, ein generöser Freund oder schließlich ein Onkel von einem andern Schlag, als der meine es war, ihn seinen süßen Gewohnheiten zurückgibt, indem er seine alten Schulden tilgt und ihm dadurch das Mittel verschafft, *neue* zu machen.

Immerhin, es gibt einen tröstlichen Gedanken. Und der ist: daß es von Tag zu Tag schwerer wird, sich in Paris, wie man das früher konnte, ein Einkommen aus seinen Schulden zu schaffen. Die Geschäftsleute sind weniger leichtgläubig, die Handwerker weniger geduldig, die Wucherer weniger zahlreich, die Verwandten, die Geliebten, die Freunde weniger generös, und die Gerichte strenger als in der Zeit, wo mein origineller Onkel lebte. Immerhin, Gott schenke ihm den Frieden und Mitleid!

Inhalt

Zu dieser Ausgabe

insel taschenbuch 3028, *Honoré de Balzac, Die Kunst, seine Schulden zu zahlen und seine Gläubiger zu befriedigen, ohne auch nur einen Sou selbst aus der Tasche zu nehmen.* Aus dem Französischen von E. Fred. Insel Verlag Frankfurt am Main 2004.

Klassische französische Literatur im insel taschenbuch Eine Auswahl

Gustave Flaubert
- Romane und Erzählungen. 8 Bände. it 1861-1868. 2752 Seiten
- Bouvard und Pécuchet. it 1861. 448 Seiten
- Drei Erzählungen. it 1862. 288 Seiten
- Lehrjahre des Gefühls. it 1863. 496 Seiten
- Madame Bovary. it 1864. 432 Seiten
- November. it 1865. 160 Seiten
- Reise in den Orient. it 1866. 464 Seiten
- Salammbô. it 1867. 464 Seiten
- Die Versuchung des heiligen Antonius. it 1868. 272 Seiten

Edmond de Goncourt/Jules de Goncourt
Tagebücher. Aufzeichnungen aus den Jahren 1851-1870. Ausgewählt, übertragen und herausgegeben von Justus Franz Wittkop. Mit zeitgenössischen Abbildungen.
it 1834. 447 Seiten

George Sand
- Geschichte meines Lebens. Aus ihrem autobiographischen Werk. Auswahl und Einleitung von Renate Wiggershaus. Mit Abbildungen und Fotografien. it 313. 254 Seiten
- Indiana. Übersetzt von A. Seubert. Mit einem Essay von Annegret Stopczyk. it 711. 321 Seite
- Lélia. Übersetzt von Anna Wheill. Mit einem Essay von Nike Wagner. it 737. 289 Seiten
- Lucrezia Floriani. Roman. Übersetzt von Anna Wheill. it 858. 198 Seiten
- Ein Winter auf Mallorca. Übersetzt von Maria Dessauer. it 2102. 220 Seiten

NF 29/1/6.00

- George Sand. Leben und Werk in Texten und Bildern. Von Gisela Schlientz. it 565. 407 Seiten

Emile Zola

- Das Geld. Übersetzt von Leopold Rosenzweig. it 1749. 554 Seiten
- Germinal. Übersetzt von Armin Schwarz. Mit Illustrationen von Renate Sendler-Peters. it 720. 587 Seiten
- Nana. Übersetzung und Nachwort von Erich Marx. Mit Illustrationen von Renate Sendler-Peters. it 398. 533 Seiten
- Thérèse Raquin. Roman. Übersetzt von Ernst Hardt. it 1146. 274 Seiten

NF 29/2/6.00

Englische und amerikanische Literatur im insel taschenbuch Eine Auswahl

Elizabeth von Arnim

- Alle meine Hunde. Roman. Übersetzt von Karin von Schab. it 1502. 177 Seiten
- April, May und June. Übersetzt von Angelika Beck. it 1722. 88 Seiten
- Christine. Roman. Übersetzt von Angelika Beck. it 2211. 223 Seiten
- Einsamer Sommer. Roman. Übersetzt von Leonore Schwartz. Großdruck. it 2375. 186 Seiten
- Elizabeth und ihr Garten. Roman. Übersetzt von Adelheid Dormagen. Großdruck. it 2338. 216 Seiten
- In ein fernes Land. Roman. Übersetzt von Angelika Beck. it 2292. 402 Seiten
- Der Garten der Kindheit. Übersetzt von Leonore Schwartz. Großdruck. it 2361. 80 Seiten
- Jasminhof. Roman. Übersetzt von Helga Herborth. Großdruck. it 2363. 506 Seiten
- Liebe. Roman. Übersetzt von Angelika Beck. it 1591. 436 Seiten
- Sallys Glück. Roman. Übersetzt von Schamma Schahadat. it 1764. 352 Seiten
- Vera. Roman. Übersetzt von Angelika Beck. it 1808. 335 Seiten
- Verzauberter April. Roman. Übersetzt von Adelheid Dormagen. it 2346. 370 Seiten

Jane Austen

- Die Abtei von Northanger. Übersetzt von Margarete Rauchenberger. Mit Illustrationen von Hugh Thomson. it 931. 254 Seiten

NF 23/1/6.00

- Anne Elliot. Übersetzt von Margarete Rauchenberger. Illustrationen von Hugh Thomson. it 511. 549 Seiten
- Lady Susan. Ein Roman in Briefen. Übersetzt von Angelika Beck. it 1192. 253 Seiten
- Mansfield Park. Übersetzt von Angelika Beck. Mit Illustrationen von Hugh Thomson. it 1503. 579 Seiten
- Stolz und Vorurteil. Übersetzt von Margarete Rauchenberger. Mit Illustrationen von Hugh Thomson und mit einem Essay von Norbert Kohl. it 787. 439 Seiten
- Verstand und Gefühl. Übersetzt von Angelika Beck. Mit Illustrationen von Hugh Thomson. it 1615. 449 Seiten

Charlotte Brontë
- Jane Eyre. Eine Autobiographie. Überetzt von Helmut Kossodo. Mit einem Essay und einer Bibliographie herausgegeben von Norbert Kohl. it 813. 645 Seiten
- Der Professor. Übersetzt von Gottfried Röckelein. it 1354. 373 Seiten
- Shirley. Übersetzt von Johannes Reiher und Horst Wolf. it 1145 Seiten. 715 Seiten
- Über die Liebe. Herausgegeben von Elsemarie Maletzke. Übertragen von Eva Groepler und Hans J. Schütz. it 1249. 80 Seiten
- Villette. Übersetzt von Christiane Agricola.it 1447. 777 Seiten

Emily Brontë
- Die Sturmhöhe. Übersetzt von Grete Rambach. Großdruck. it 2348. 598 Seiten

Lewis Carroll
- Alice hinter den Spiegeln. Übersetzt von Christian Enzensberger. Mit Illustrationen von John Tenniel. it 97. 145 Seiten
- Alice im Wunderland. Übersetzt von Christian Enzensberger. Mit Illustrationen von John Tenniel. it 42. 138 Seiten

NF 23/2/6.00

Kate Chopin
- Das Erwachen. Roman. Übersetzt von Ingrid Rein. it 2149. 222 Seiten

Daniel Defoe
- Glück und Unglück der berühmten Moll Flanders. Übersetzt von Martha Erler. Mit Illustrationen von William Hogarth und einem Essay von Norbert Kohl. it 707. 440 Seiten
- Robinson Crusoe. Übersetzt von Hannelore Novak. Mit Illustrationen von Ludwig Richter. it 41. 404 Seiten

Charles Dickens
- Bleak House. Übersetzt von Richard Zoozmann. Mit Illustrationen von Phiz. it 1110. 1031 Seiten
- David Copperfield. Mit Illustrationen von Phiz. it 468. 1245 Seiten
- Eine Geschichte aus zwei Städten. Mit Illustrationen von Phiz. it 1033. 506 Seiten
- Nikolaus Nickleby. Mit Illustrationen von Phiz. it 1304. 1022 Seiten
- Oliver Twist. Übersetzt von Reinhard Kilbel. Mit einem Nachwort von Rudolf Marx und Illustrationen von George Cruikshank. it 242. 607 Seiten
- Die Pickwickier. Mit Illustrationen von Robert Seymour, William Buss und Phiz. it 896. 1006 Seiten

D. H. Lawrence
- Liebesgeschichten. Übersetzt von Heide Steiner. it 1678. 308 Seiten

Katherine Mansfield
- Eine indiskrete Reise. Erzählungen. Ausgewählt von Franz-Friedrich Hackel. Übersetzt von Heide Steiner. Großdruck. it 2364. 214 Seiten

NF 23/3/6.00

- Das Gartenfest und andere Erzählungen. Übersetzt von Heide Steiner. it 1724. 232 Seiten
- Reise in den Sommer. Erzählungen und Briefe. Großdruck. it 2388. 120 Seiten
- Über die Liebe. it 1703. 110 Seiten

Herman Melville
- Moby Dick. Übersetzt von Alice und Hans Seifert. Mit einem Nachwort von Rudolf Sühnel. it 233. 781 Seiten

Edgar Allan Poe
- Sämtliche Erzählungen. Herausgegeben von Günter Gentsch. Vier Bände in Kassette. it 1528-1531. 1568 Seiten
- Grube und Pendel. Schaurige Erzählungen. Übersetzt von Erika Gröger und Heide Steiner. it 2351. 188 Seiten
- Der Untergang des Hauses Usher. Meistererzählungen. Übersetzt von Babara Cramer-Nauhaus, Erika Gröger und Heide Steiner. it 1373. 182 Seiten

William Shakespeare
- Hamlet. Prinz von Dänemark. Übersetzt von August Wilhelm Schlegel. Mit Illustrationen von Eugène Delacroix. Herausgegeben und mit einem Essay versehen von Norbert Kohl. it 364. 270 Seiten
- Romeo und Julia. Übersetzt von Thomas Brasch. it 1383. 151 Seiten
- Die Sonette des William Shakespeare. Englisch und deutsch. Übersetzt von Wolfgang Kaußen. Mit einem Nachwort von Friedrich Apel. it 2228. 335 Seiten
- Die Tragödie des Macbeth. Übersetzt von Thomas Brasch. it 1440. 112 Seiten
- Was ihr wollt. Übersetzt von Thomas Brasch. it 1205. 132 Seiten
- Wie es euch gefällt. Übersetzt und bearbeitet von Thomas Brasch. it 1509. 121 Seiten

NF 23/4/6.00